JN492245

임상민 지음

전후 고도경제성장과 재일조선인 서사

역도산 · 울트라맨 · 김희로사건

신아사

머리말

이 책은 전후 일본의 고도경제성장기에 재일조선인은 어떻게 서사되어 왔는지, 즉 재일조선인의 주체 구축에 대해서 고찰하고 있습니다. 특히, 쇼와 30년대(1955년부터 1965년까지)는 전후일본의 내셔널 아이덴티티가 재구축되기 시작하는 시기였을 뿐만 아니라, 재일조선인을 다룬 작품이나 영화가 화제가 되었던 시기이기도 합니다. 하지만 현재의 〈쇼와 30년대〉 담론은 당시의 재일조선인을 둘러싼 문화적 화제에 대해서는 언급하지 않고, 오히려 전후일본의 경제부흥을 가능케 한 한국전쟁에 의한 특수를 망각한 채 재일조선인에 관한 담론을 교묘하게 〈고도경제성장〉에 대한 담론으로 동화시켜 나가는 경우가 많습니다. 이 책은 이와 같은 동화 이론에 의해, 또는 민족성의 강조에 의해 어쩔 수 없이 배제당해 온 〈보장받지 못한 주체〉로서의 재일조선인을 언어화하는 것에 목적이 있습니다.

탈식민과 분단의 70년을 지나 온 현재, 재일조선인 사회는 한일 관계사의 핵으로 남아 있으며, 재일조선인 사회를 한국과 일본 사이에 낀 지점에서 정치적이고 민족적인 이데올로기를 주입해 부의 이미지로 읽어온 관점은 더 이상 유효하지 않습니다. 재일조선인 사회는 한국과 일본을 상대화시키며 복합적인 의미망을 만들어내고 있기 때문에, 오히려 한국과 일본, 그리고 남북 분단의 문제를 새롭게 볼 수 있는 위치로 자리매김할 필요가 있습니다. 이에 본서는 한일 간의 식민유제로 남아 있는 재일조선인 사회를 전체적으로 조망하고 현재적 문맥에서 새롭게 조명함으로써, 재일조선인 사회와 문화가 가지는 차이와 공존의 역학이 한국과 일본을 둘러싼 역동적인 관계망 속에서 어떤 기제로 작동하고 있는지를 다양한 장르를 탈영역적으로 횡단하면서 살펴보려 합니다.

이 책은 이상과 같은 문제의식으로부터, 전후 고도경제성장기에 재일조선인의 주체는 어떻게 서사되어 왔는지에 대해서, (1)일본인의 타자 표상, (2)재일조선인의 자기 표상, (3)재일표상을 둘러싼 상호교섭성이라는 세 시각에서 어프로치를 시도합니다. 문학 작품뿐만 아니라 영화, 만화, 특수촬영물 드라마 등의 탈영역적인 텍스트를 다루는 이 책은, 내셔널 아이덴티티와 민족적 아이덴티티 등의 경직된 틀·도식으로부터 배제되어 누락된 요소로부터, 전후 일본에 있어서의 재일조선인 표상의 구조와 역학, 그리고 분절되는 주체이기에 가질 수 있는 많은 가능성을 모색합니다. 그런 점에서 이 책은 재일조선인을 고정적인 아이덴티티를 가진 주체가 아닌, 유동적이고 가변적인 주체로서 기술하는 가능성을 제시한 연구서이기도 합니다.

마지막으로, 이 책에 실린 글들은 모두 7년 반 동안의 유학생활을 마치고 한국에 귀국한 2010년부터 집필한 내용들입니다. 이후 8년이라는 시간, 좌절하려는 저를 언제나 묵묵히 믿고 응원해 준 고마운 아내 김영선과 사랑하는 첫째 성률이, 그리고 둘째 서준이에게 이 책을 바칩니다.

2018년 12월

저자 임상민

목차

1부

고도경제성장과
패전의 기억

1. 패전 하루키 에츠미 『역도산이 찾아왔다』

본장의 요점

2005년에 공개된 영화「ALWAYS 3번가의 석양」(야마자키 다카시 감독)을 시작으로 고도경제성장기를 회고하는 이른바 〈쇼와 30년대 붐〉이 이슈화되고 있는데, 수많은 쇼와 복고풍의 박물관 및 커버음반, 만화, 영화, 장난감, 음식 등이 쇼와 30년대에 청소년 시절을 겪은 이른바 베이비붐 세대(=단카이세대)뿐만 아니라, 동시대를 경험하지 못한 젊은 세대까지도 가상체험 노스탈리지(virtual nostalgia)를 느끼며 소비되고 있다.

특히, 쇼와 레트로 붐을 이야기할 때 자주 언급되는 주요 담론은 지금 현대인들이 상실한 쇼와 30년대의 〈꿈=파워〉와 〈마음=인정〉인데, 영화 속에서 동시대의 이러한 모습을 상징적으로 보여주는 장면이 다름 아닌 텔레비전 앞에 온 동네 사람들이 둘러앉아 웃고 울고 마음 졸이고 흥분하면서 프로레슬링을 시청하는 장면이다. 또한 이 장면은 다른 장면과 달리 관객들의 몰입도를 높이기 위해서 슬로모션으로 영상 처리되어 있는데, 흥미로운 점은 브라운관 속 주인공이 바로 역도산이라는 사실이다. 즉, 브라운관 속에서 외국인 레슬러에게 가라테 촙을 날리는 역도산은 미국 콤플렉스를 치유해 주는 아이콘이었음은 물론, 패전 쇼크에서 자유롭지 못한 일본 대중에게 자신감과 자부심을 심어 주는 국민적 히어로였다는 사실을 알 수 있다.

본장에서는 2005년 전후의 쇼와 레트로 붐보다도 훨씬 빠른 시기부터 고도경제성장기를 시대적 배경으로 만화를 그려온 하루키 에츠미(はるき悦巳)의 『역도산이 찾아왔다(力道山がやって来た)』(『빅코믹』 1980년3월10일호)를 중심으로, 역도산 상식론에 회수되지 않는 역도산 체험을 살펴보고자 한다. 특히, 역도산이 활약한 동시대의 담론과 그 이후에 생산된 담론을 명확하게 구분함으로써, 전전 세대와 전후 베이비붐 세대에게 패전과 미군 점령기가 어떻게 기억되고 또는 절단되는지를 고찰하는 것을 목적으로 한다.

작가 소개

하루키 에츠미(はるき悦巳, 1947~)

하루키 에츠미는 1947년에 오사카 니시나리구(西成区)에서 태어난 이른바 베이비붐 세대이며, 오사카에서 나니와고등학교(浪速高校) 졸업 후에 도쿄의 다마미술대학(多摩美術大学) 유화학과에 진학하게 된다. 하루키 에츠미는 본인 스스로에 대해서 태생적으로 게으름뱅이이고, 따라서 귀찮은 것을 싫어하기 때문에 사교적이지 못하다고 말한다. 취미는 재즈 감상과 독서, 또한 술은 전혀 못하지만, 해비 스모커로 유명하다. 컴퓨터와 인터넷은 서툴고, 핸드폰 자체를 싫어하는 성격이며, 학생시절부터 '합판 3장짜리' 크기의 대형 그림을 전문적으로 그렸지만, 보관 장소 등의 문제 때문에 그림을 축소해서 그리기로 결심, 결국 30살 전후부터 만화가로 전향한다. 졸업 후, 마네킹 회사에 취직하지만(눈과 입술을 그려 넣는 일), 1년 반 후에 결혼과 사교적이지 못한 성격 탓 등으로 퇴사한다.

1978년 31살에 만화가로 데뷔, 같은 해에 주간잡지 「만화액션」에 연재한 『말괄량이 치에(じゃりン子チエ)』가 히트를 치면서 베스트셀러 작가가 되었고, 이후 약 19년 동안 연재를 이어가면서 단행본 발행 부수 총 3000만부를 돌파한다(1997년, 연로한 어머니의 간호를 위해 연재 중단). 1980년, 제26회 소학관 만화상(성인코믹부문)을 수상한 이후, 번잡한 도쿄의 도시 생활을 떠나 효고현(兵庫県) 니시노미야시(西宮市)로 이사한다. 대표작 『말괄량이 치에』는 오사카 서민촌에서 당차게 생활하는 초등학교 5학년 '치에'가 악전고투 끝에 가출한 어머니를 되찾는 이야기로, 서민촌의 인정과 파워를 그린 작품으로 지금까지도 다양한 연령층에 걸쳐 많은 사랑을 받고 있다.

『역도산이 찾아왔다(力道山がやって来た)』

SCENE 1

そしてプロレスの夜—安ッさんの家はリング以上の大騒ぎだった。オレも咲ちゃんもプロレスにはものすごく興奮した。しかし、大人の熱狂はまた少し違っていたかもしれない(「力道山がおこったど！」「出た、空手チョップや」「強かったなあ、最高や」「力道山は神さんや」)。徳ジイなどは涙を流して喜ぶのだ。そして、次の金曜日までまた徳ジイはあの自家用でボーッとしているのだ。

그리고 프로레슬링이 방영되던 밤—야스 아저씨의 집은 링 이상으로 훨씬 난리도 아니었다. 나와 사키 역시 프로레슬링에는 매우 흥분했다. 그러나 어른들의 열광하는 모습은 조금 달랐을 지도 모른다(「역도산이 화났다!」「나왔다, 가라테 촙」「강해, 역시 최고야」「역도산은 신이라구」). 도쿠 할아버지는 눈물까지 흘리며 기뻐하는 것이었다. 그리고 다음 금요일이 찾아올 때까지 또 다시 도쿠 할아버지는 그 리어카에서 멍하니 지냈다.

SCENE 2

「こら、なにするんじゃ！！」
「しゃあないガキやな」
「あら、ロクなもんにならんど」
咲ちゃんがそんなことをしても、大人は不思議とおこらなかった。咲ちゃんはもうこの頃から近所で一目おかれていたのだ。安ッさん･･･、その頃近所でただ一人テレビを持っていたオヤジだ。それで咲ちゃんは名前で呼ぶことにしたのだそうだ。安ッさんの他に咲ちゃんから名前で呼ばれる名誉な男、それが徳ジイだった。徳ジイは鉄工所の裏に自家用車で住んでいたが、オレにはどうも名前で呼ばれるほどの名誉な男にはみえなかった。

「이 녀석, 뭐 하는 짓이야!!」
「철없는 까불이라니까」
「저 녀석은 제대로 크지 못할 거야」
사키가 그런 행동을 해도 어른들은 이상할 정도로 화를 내지 않았다. 사키는 이미 그 시절부터 주위로부터 인정을 받고 있었다. 야스 아저씨... 그 시절 마을에서 유일하게 혼자 텔레비전을 소유하고 있었던 아저씨다. 그래서 사키는 이름으로 부르기로 했다고 한다. 야스 아저씨 이외에 사키에게 이름으로 불리는 명예로운 남자, 그 사람이 바로 도쿠 할아버지였다. 도쿠 할아버지는 철공소 뒤편에 리어카에서 살고 있었는데, 나는 아무리 생각해도 이름으로 불릴 만큼 명예로운 남자로는 보이지 않았다.

SCENE 3

咲ちゃんのお母はんはほんまにきれいな人だった。しかし、ちょっと変わった人だった。咲ちゃんは近所の人気者なのに、お母はんの方はまったく近所づきあいをしなかったのだ。家にいることもめったになかった。たまにいてオレが咲ちゃんのことをたずねても、返事もしてくれなかった。黒いシミーズとタバコ…、きれいだったけど、なんかいやらしい映画に出てくるような人だった。金を稼ぐのが大人顔負けの咲ちゃん…、そして自家用車で寝てるだけの徳ジイ…、それにあのお母はん…、子供のオレにはさっぱり訳のわからない組みあわせだった。

사키의 어머니는 정말 예쁜 사람이었다. 그러나 조금 이상한 사람이었다. 사키는 동네에서 인기쟁이였지만, 어머니는 전혀 이웃과 어울리지 않았다. 집에 있는 경우도 좀처럼 없었다. 가끔 집에 있을 때에도 내가 사키가 집에 있는지 물어도, 대답도 해 주질 않았다. 검은 속치마와 담배……, 예뻤지만 왠지 이상야릇한 영화에 나올 것 같은 사람이었다. 돈 버는 데는 어른에 뒤지지 않는 사키……, 그리고 리어카에서 자기만 하는 도쿠 할아버지……, 게다가 그 어머니……, 어린 나에게는 전혀 이해할 수 없는 조합이었다.

SCENE 4

咲「今日プロレスあるど。オレ呼びに来たるからな」
徳ジイ「いつもスマンなあ。だれや…力道山だれと組むんや？まあええわい。力道山は無敵じゃ。くそ、マッカーサーめ！行け、力道、行け！やってまえ、そこや。マッカーサーなんかに負けるな！」
なんでも徳ジイは戦争で息子を三人も死なせたらしい。そう、マッカーサーにやられたのだ。以来、徳ジイにとって外人はどれもこれもにっくきマッカーサーなのだ。

사키「오늘 프로레슬링 있어. 나중에 내가 부르러 와 줄게」
도쿠 할아버지「항상 미안하구나. 누구지... 역도산은 오늘 누구와 콤비 먹는 거야? 됐다, 뭐든 상관없지. 역도산은 무적이니까. 나쁜 맥아더 녀석! 전진하라, 역도산, 전진! 해치워버려, 바로 그거야. 맥아더 따위한테 지지마!」
그도 그럴 것이, 도쿠 할아버지는 전쟁으로 아들 셋을 잃었다고 한다. 그렇다, 바로 맥아더에게 당한 것이다. 이후, 도쿠 할아버지에게는 외국인이라면 너나 할 것 없이 저주스러운 맥아더인 것이다.

줄거리

1950년대 중반의 오사카, 마을 사람들은 금요일 밤이면 텔레비전이 있는 집에 몰려들어 역도산 프로레슬링을 보면서 웃고 울고 마음 졸이며 열광한다. 특히, 웬일인지 가족도 없이 리어카에서 홀로 노숙하는 도쿠 할아버지는 전쟁으로 '아들 셋'을 잃은 충격으로 역도산과 싸우는 모든 외국인을 '맥아더'로 인식하고 흥분하는데, 어느 날 외국인 선수의 반칙으로 피투성이가 된 역도산의 모습을 보고는 결국 절도하고 만다. 그리고 도쿠 할아버지를 유난히 따르는 사키는 그런 도쿠 할아버지의 마지막을 위해서, 지방 순회 경기를 온 역도산을 불러와 손을 잡아주게 하는데, 이러한 설정 자체는 〈본장의 요점〉에서 기술한 바와 같이 영화 「ALWAYS 3번가의 석양」에 나타난 〈역도산 상식론〉과 크게 다르지 않다고도 볼 수 있다. 즉, '아들 셋'을 잃은 도쿠 할아버지(전쟁세대)의 패전 쇼크와 미국 콤플렉스를 치유해 주기 위해서, '역도산이 찾아왔다'라는 해석이다.

하지만, 만화의 엔딩 장면에는 '이 가게의 RIKIDO라고 하는 이름도 역도산을 데리고 왔다는 자랑에서가 아니라, 도쿠 할아버지와의 추억 때문일지 모른다. 사키는 그런 남자다'라고 되어 있듯이, 동 만화는 단순히 패전과 부흥의 아이콘으로서의 역도산과 사키의 관계성이 아니라, 오히려 도쿠 할아버지와 사키의 관계성에 방점을 찍고 플롯이 구성되어 있다. 또한 '사키는 그런 남자다'라고 되어 있듯이, 『역도산이 찾아왔다』는 '그런 남자'가 구체적으로 어떤 남자인지, 즉 커피숍의 이름을 아메리카니즘을 연상시키는 영어표기의 'RIKIDO'라고 네이밍하는 사키의 위상을 해독하려는 작품이라고 할 수 있다.

작품 해설

SCENE 1 〈역도산 상식론〉과 누락된 기억들

패전 후, 경제 침체에서의 탈출과 고도경제성장의 서막을 알리는 '더 이상 전후가 아니다'(『경제백서』 1956년7월)라는 슬로건이 유행어가 된 것은 1956년이고, 가전제품 시대 즉 풍요로운 생활을 알리는 '3종의 신기(三種の神器=텔레비전, 냉장고, 세탁기)'라는 말이 유행어가 된 것 또한 1956년이다. 고도경제성장기 담론은 1950년대 중반부터 서민의 일상생활이 '극적으로' 바뀌었고, 그와 동시에 패전과 점령기의 기억은 서민의 일상생활로부터 점점 후퇴·망각되었다고 강조하고 있다.

그리고 서민의 일상생활을 '극적으로' 바꿔놓았던 '3종의 신기' 중 하나인 텔레비전에 대해서 이노세 나오키(猪瀬直樹)는, '텔레비전은 프로레슬링에 의해서, 프로레슬링은 텔레비전에 의해서 인지되었다. 역도산은 텔레비전 덕분에 히어로가 되었고, 텔레비전은 히어로를 낳는 것으로 시청자를 흡수할 수 있었다'(『욕망의 미디어』 소학관, 1990년)라고 말하고 있듯이, 역도산은 텔레비전과 서민의 일상생활을 '극적으로' 바꾼 고도경제성장기와의 밀착도를 강조할 때 빠지지 않고 거론되는 필수 아이콘이라는 것을 알 수 있다.

하지만 오사와 마사치(大澤真幸)는 사회 구조의 질적 전환은 하루아침에 갑자기 이루어지는 것이 아니라, 단층선을 형성하면서 '비스듬하게'(균열부터 전환까지는 약 10년 전후) 바뀌어간다고 지적하고 있듯이, 1950년대 중반에 서민의 일상생활은 '극적으로' 바뀌었고, 결과적으로 패전과 점령기의 기억이 하루아침에 '극복'되었다고 하는 담론은 주의할 필요가 있다(『전후의 사상 공간』 치쿠마신서, 2004년). 또한 오사와 마사치의 지적은 역도산의 등장으로 인해, 일본인의 패전 쇼크와 미국 콤플렉스가 '극적으로' 치유되었다고 하는 담론에도 주의를 환기시킨다. 실제로, 고바야시 마사유키(小林正幸)는 이러한 정형화된 역도산 인식을 〈역도산 상식론〉이라고 부르며, 혈투 끝에 역전극을 펼치는 역도산 프로레슬링과 현실과의 격차에 '부끄러워' 남의 눈을 피해 허겁지겁 귀가하는 어른들의 모습과 역도산이 '일본인'이 아니라는 사실을 알면서도 역도산을 부정하지 않고 오히려 진정한 '역도산'으로 인식하는 의식 구조 등, 이른바 〈역도산 상식론〉에 회수되지 않는 다양한 역도산 체험을 소개하고 있다(『역도산을 둘러싼 체험』 풍진사, 2011년).

SCENE 2 〈알고 있지만 모르는 구조〉

사키와 도쿠 할아버지의 관계는 만화의 엔딩 장면(도쿠 할아버지의 장례식)에서, 사키가 도쿠 할아버지의 친손자라는 사실이 밝혀진다. 따라서 사키가 도쿠 할아버지를 유난히 따랐던 이유와 역도산을 데리고 온 이유 자체는 충분히 설명이 가능하다. 하지만, 그렇다고 한다면, 왜 도쿠 할아버지는 집을 나와 홀로 리어카에서 노숙을 하고 있고, 더구나 사키는 왜 도쿠 할아버지와의 관계를 숨겼는지에 대한 또 다른 의문이 부각된다.

결국, 사키는 왜 도쿠 할아버지와의 관계를 숨겼을까 라는 부분이 중요한 해석 포인트가 되는데, 그렇게 생각하면 누구보다도 출생에 대한 담론이 이슈화되는 역도산에 대해서 동 만화에서는 전혀 언급을 피하고 있다는 사실은 주목할 필요가 있다. 왜냐하면, 동 만화가

잡지에 실린 시기는 역도산의 조선인설이 공론화되기 시작한 때와 일치하기 때문이다. 역도산의 출생이 공식적으로 밝혀진 것은 1978년에 우시지마 히데히코(牛島秀彦)의 르포 『심층해류의 남자 · 역도산』이 출판되면서부터이지만, 역도산의 조선인설에 대해서는 역도산 사망 10주기에 해당되는 1973년에 이미 이이다 모모(いいだもも)와 사노 미츠오(佐野美津男)가 언급하고 있다. 또한, 1963년 1월 8일에 역도산이 극비리에 한국을 방문했을 때에도, 일본의 동경중일신문(東京中日新聞)이 「역도산, 20년 만에 모국으로」라는 머리말 기사와 함께 김포공항에서 많은 한국인에게 환영을 받고 있는 사진을 공개한 적이 있다.

역도산이 1950년에 스모를 폐업하고 1952년에 프로레슬링으로 전향한 후, 1953년에 역도산의 프로레슬링이 텔레비전이라고 하는 공중파를 타면서 제1차 프로레슬링 붐이 한창이었던 1955년 당시에도, '사실 역도산은 조선의 혈통을 잇고 있는, 전전의 스모 팬이라면 순위 기록표에 "출신지, 조선"으로 되어 있었던 것은 주지하고 있었던 것으로, 이제 와서 그 사실을 거론하는 것은 잘못된 일이다'(「역도산 · 아즈마후지와 콤비 성립될까?」『마루』 1955년 9월호)라는 기사가 존재하고, 또한 동 기사에 따르면 '규슈의 우익단체 K동지회'는 프로레슬링 일본선수권을 '일한전쟁'으로 간주하고, 역도산을 가해하기 위해서 혈기왕성한 우익 '용사들'을 도쿄에 파견하려고까지 했던 사실을 전하고 있다. 이와 같이, '1956년' 당시의 일본인들이 역도산의 '출신지, 조선'이라는 사실을 모르고 있었다고는 생각하기 힘들다. 그렇게 생각하면, 일본인의 역도산 프로레슬링 수용 프로세스에는 〈알고 있지만 모르는 구조〉가 존재하고, 역도산은 출생을 숨기면서 일본인 히어로로서의 역도산을 연기했고, 결과적으로 일본인 역시 패전 쇼크와 외국인 콤플렉스로 울분의 일본인을 연기했다고 해석할 수 있다.

이상과 같이, 역도산의 출생에 대한 담론 구조가 환기시키는 것은 〈알고 있지만 모르는 구조〉라고 할 수 있는데, 그렇게 생각하면 『역도산이 찾아왔다』는 직접적으로 역도산의 출생에 포커스를 맞추고 있지는 않지만, 〈알고 있지만 모르는 구조〉가 여러 형태로 변주되면서 작품 속에 배치되었을 가능성이 있다. 물론, 주목해야 할 부분은 '알고 있지만, 모르는' 척 생활하고 있는 사키와 도쿠 할아버지의 관계이다.

SCENE 3 미군기지와 팡팡

만화의 엔딩 부분에서 도쿠 할아버지가 집을 나온 이유에 대해서, '도쿠 할아버지……, 사키는 아무 것도 가르쳐 주지 않았지만, 분명 아들의 며느리가 외국인과 사귀는 것을 참지 못해서 저 리어카에서 살게 되었을 것이다'라고 '며느리'와의 관계 때문이라고 설명하고 있는데, 하지만 달리 생각하면 집을 나간 이유와 사키와의 관계를 숨겨야 하는 이유는 별개의 문제이다. 즉, 동 만화에서는 왜 가족이라는 사실을 '알고 있지만 모르는' 척 살고 있는지에 대한 설명은 여백으로 남아 있다. 물론 여백 자체가 중요한 해석 포인트라고 할 수 있는데, 곰곰이 생각해보면 사키 가족의 관계를 도쿠 할아버지의 장례식 전까지 마을 사람 아무도 몰랐다는 사실은 또 다른 의문을 낳는다. 왜냐하면, 전쟁으로 '아들 셋'을 잃었다면 사키의 어머니는 적어도 전쟁 중에 시집을 왔다는 이야기가 되는데, 마을 사람 그 누구도 사키 가족의 관계를 모르고 있었다는 사실은 플롯 전개상으로도 이상하다. 결국, 작가의 실수라는 측면을 제외하면, 가능성으로서는 타 지역에서 이사왔을 확률이 크다. 물론, 타 지역에서 이사를 왔다고 해서 사키 가족의 관계를 숨겨야 할 필연성은 없어 보이지만, 사키의 어머니가 단지 '외국인'과 사귀는 여성이 아니라, 1953년에 출판된 『기지의 아이』의 다음과 같이 표상되는 여성이었다는 사실을 경유하면 조금 다른 해석이 가능해진다.

> 립스틱을 새빨갛게 바른 팡팡은 마치 사람을 잡아먹는 토인과 같은 여자다. 그 새빨간 입에 문 담배.(초등학교 6학년, 호시노 시즈코)

> 빨간 립스틱의 철새란 우리들도 잘 알고 있는 팡팡들을 말하는데, 밤거리를 빈둥빈둥 진주군 병사들과 둘이서 걷고 있습니다. 화려한 옷, 굽이 높은 구두, 짙게 화장한 얼굴, 우리 마을과 나카하마(中浜)에서는 항상 볼 수 있는 풍경입니다.(초등학교 6학년, 모토이케 유코)

> 우리들이 등교하는 길에도 그 여자들이 점점 늘고 있다. 입술을 새빨갛게 바르고 담배를 피우며, 남자 같이 거친 말을 사용한다. 나는 만나면, 가만히 쳐다본다. 상대방도 알아챈 듯, "왜 날 봐. 기분 나쁜 녀석. 호호호"라고 장난치며 지나간다. 나는 분하기도 하고 불쌍하기도 해서, 어찌할 바를 모르고 있다.(중학교 3학년, 야마시타 히로코)

'빨간 립스틱'에 '담배', 그리고 '거친 말'을 쓰며 '진주군 병사'와 밤거리를 활보하는 '화려한 옷'의 여자들, 이것은 미군기지 주변에서 미군을 상대하는 매춘부, 즉 '팡팡'에 대한 표상이다. 위의 인용문은 『역도산이 찾아왔다』가 시대적 배경으로 하고 있는 '1956년'보다 3년 빠른 1953년에 출판된 『기지의 아이』에 수록된 미군기지 주변에서 생활하는 아이들의 작문이다. 미 점령군에 의한 일본 점령은 샌프란시스코 강화조약이 발효되는 1952년 4월 28일에 끝나게 되는데, 주목할 점은 점령이 종료된 직후에도 미군기지는 축소되지 않았다는 사실이다. 오히려, 냉전체제 하의 이데올로기 문제로 1950년대 중반까지는 확대되는 추세를 보이다가, 기지 주변의 주민들 반대로 축소 및 오키나와로 이전되는 것은 1950년대 후반부터이다. 따라서, '1956년'을 시대적 배경으로 하고 있는『역도산이 찾아왔다』속의 사키 어머니에 대한 표상은 동시대적으로 미군기지 주변에서는 쉽게 확인할 수 있는 '팡팡'의 모습이었다(1953년 당시, 일본의 미군기지는 약 600여 곳).

또한, 기지의 아이들은 '팡팡 마을'에서 왔다는 이유만으로도 어른들로부터의 차별적인 시선을 내면화하는 것처럼, 실제로 '팡팡'을 하고 있는 여성에 대해서는 '저런 사람들이 있는 한, 일본이라고 하는 나라는 결코 진보하지 않을 것이다', '나는 이 악에 절대로 물들어서는 안된다. 친구와 함께 싸우자. 그리고 저 사람들이 훌륭한 일본인으로서 눈을 뜰 날을 기도해 주리라', '(팡팡은)청소년을 불량화시킨다. 하지만, 이와쿠니(岩国)의 사람들은 그 유혹에 결코 넘어가지 않는다. 넘어가면 안 된다. 넘어간다면, 그것은 일본이 멸망하는 날이 될 것이다'라고 '팡팡'을 사회의 '악'으로 간주하고, '팡팡'(나쁜 일본인)의 부정을 통해서 '우리들 일본인'(좋은 일본인)이라고 하는 내셔널 아이덴티티를 형성하고 있음을 알 수 있다.

이상과 같이, 동시대의 '팡팡'에 대한 인식을 경유하면서 작품 속에서 사키가 도쿠 할아버지와의 관계를 숨겼던 이유를 생각해보면, 그것은 단순히 어머니가 '아들 셋'의 목숨을 빼앗은 외국인과 사귀고 있어서라기보다는, 오히려 '팡팡'을 하고 있는 어머니 때문에 '아들 셋'을 잃은 할아버지가 '우리들 일본인'으로부터도 배제당하는 것을 우려했기 때문이라고 해석할 수 있다.

또한, 사키가 역도산을 데리고 온 이유는 도쿠 할아버지의 패전 쇼크와 미국 콤플렉스를 치유시켜 주기 위해서라기보다는, 역도산의 출생을 '알고 있지만, 모르는' 척 환호하는 일본인과 그런 일본인들의 이중성을 '알고 있지만, 모르는' 척 일본의 영웅을 연기해야 했던 역도산의 모습에서 도쿠 할아버지와의 구조적 동일성을 확인했던 것은 아닐까. 달리 말하자면, '팡팡' 가족이라는 사실이 밝혀지면 마을 사람들로부터 차별받고 배제당할 것을 '알고 있지만, 모르는' 척 살아온 할아버지를 위해서 이며, 또한 마을 사람들이 눈치 채지 못하도록 오히려 더 모든 외국인을 '증오스런 맥아더'로 외치면서 '약자로서의 일본인'을 연기해야만 했던 도쿠 할아버지를, 적어도 '출신지, 조선'이라는 사실을 숨긴 채 '강자로서의 일본인'을 연기해야만 했던 역도산은 이해해 줄 것이라고 생각했기 때문일 것이다.

SCENE 4 천황과 맥아더, 그리고 역도산의 동일 구조

만화『역도산이 찾아왔다』는 역도산의 출생을 둘러싼 〈알고 있지만 모르는 구조〉를 민족적 아이덴티티의 승인을 끊임없이 요구하는 장소, 즉 GHQ의 점령 후에도 존재하는 미군기지의 차별적인 구조와 링크시키면서 풍요로운 고도경제성장기의 이면에 유착되어 있는 점령기의 연속성을 그려내고 있는데, 흥미로운 점은 마을에서 유일하게 텔레비전을 소유하고 있는 야스쿠니(安国) 아저씨는 모든 외국인을 '맥아더'로 인식하는 도쿠 할아버지를 몹시 싫어한다는 사실이다. 동 작품에서 야스쿠니 아저씨가 중요한 해석 포인트가 되는 이유는, 도쿠 할아버지와 더불어 유일하게 사키에게 '이름(고유명사)'으로 불리기 때문이다. 더구나, 화자인 '나'는 야스쿠니 아저씨는 '텔레비전'을 소유하고 있기 때문에 이름으로 부르는 것이 타당하지만, '도쿠 할아버지는 철공소 뒤편의 리어카에서 살고 있었는데, 나에게는 아무리 생각해도 이름으로 불릴 정도의 명예로운 남자로는 보이지 않았다'라고 말하고 있듯이, '나'는 야스쿠니 아저씨와 도쿠 할아버지가 왜 동등하게 '이름'으로 불리는지, 즉 왜 두 사람이 같은 문맥에서 해석되고 있는지를 전혀 이해하지 못하고 있다.

야스쿠니 아저씨가 고유명사로 불리는 이유는 '텔레비전'을 소유하고 있기 때문이라고 했는데, 달리 해석하자면 '텔레비전'(3종의 신기)이라고 하는 가전제품은 서민의 일상생활을 '극적으로' 바꿔놓은 고도경제성장기의 메타포로 기능하고 있기 때문에, 야스쿠니 아저씨 그 자체가 고도경제성장기의 메타포라고 할 수 있다. 그렇다면 왜 야스쿠니 아저씨는 모든 외국인을 '맥아더'로 인식하는 도쿠 할아버지를 싫어하는 것일까?

일본은 패전 직후, 1945년 9월 2일(항복문서에 조인)부터 1952년 4월 28일(샌프란시스코 강화조약이 발효)까지 연합국군최고사령관총사령부(GHQ)에 의한 점령기에 들어가게 되는데, 일미 간의 비대칭적인 관계를 말할 때 자주 인용되는 것이 바로 쇼와천황이 미 점령군 총사령관 맥아더를 방문했을 때 찍은 투 샷이다(1945년 9월 27일, 방문). 특히, 사진 속의 언밸런스한 두 사람의 포즈, 예를 들면 장신의 맥아더와 단신의 천황, 연장의 맥아더와 젊은 천황, 군복 차림의 맥아더와 정장 차림의 천황, 릴렉스한 자세의 맥아더와 직립부동 자세의 천황 등, 일미 간의 불균형적인 관계를 '어른'과 '어린이', 그리고 '남성'과 '여성'과 같은 기호적인 대립으로 표상하는 경우가 많다. 또한 사카모토 고지로(坂本孝治郎)는 동 사진에 대해서, '일본국민 앞에 새로운 점령권력의 현재를, 그리고 「종전」의 레토릭을 능가하는 〈패전·항복〉의 현실을 압도적으로 증명해 보였다'라고 말하고 있듯이, 맥아더 수용은 점령자와 피점령자의 관계를 '압도적으로' 내면화시키는 과정이었다고 할 수 있다(『상징천황이 찾아왔다』 평범사, 1999년).

그런데 주의할 점은, 전후 일본인의 맥아더 수용은 비대칭적인 일미관계만을 상징적으로 나타내는 것은 아니라는 사실이다. 예를 들면, 1946년 9월부터 1951년 5월까지 맥아더 총사령관에게 보낸 편지가 약 44만 통에 달했고, 1946년 8월 이전까지의 편지를 추정하면 약 50만 통의 편지가 패전국의 일본 국민으로부터 맥아더 총사령관에게 전달됐다. 일본인이 보낸 편지는 GHQ의 담당자가 모두 읽고 영문요약 및 중요한 편지는 전문 번역되어 피점령국의 실정과 사회심리를 파악하기 위한 중요 자료로 이용되었는데, 편지의 대부분은 맥아더의 허영심을 자극하는 찬사가 대부분이었다. 예를 들면, 점령은 '자비'이고 맥아더는 '아버지'이며, 때로는 '신'과 같은 존재로 인식하기도 했다. 요시미 슌야(吉見俊哉)에 의하면, 전후 일본인들은 '맥아더를 사제와 같은 존재로 간주하고, 자신들의 죄를 고백하고 현재의 괴로운 처지로부터 구제해 주도록 부탁'을 하는데, 즉 맥아더에게 자신들의 존재에 대한 새로운 의미를 부여해 줄 '타자의 시선'을 발견했다고 지적하고 있다(『친미와 반미』 이와나미신서, 2007년).

이상과 같이, 패전 직후의 초월적인 존재로서의 맥아더 인식을 경우하면서 도쿠 할아버지가 고도경제성장을 상징하는 야스쿠니 아저씨를 몹시 싫어하는 이유에 주목해보면, 그것은 단순히 몰상식 때문이 아니라, 도쿠 할아버지가 '증오스런 맥아더'를 통해서 '약자로서의 일본인'을 구축하려는 모습은, 다름 아닌 고도경제성장기의 역도산 프로레슬링을 통해서 패전으로 분열된 '우리들 일본인'을 재구축하려는 모습과 구조적으로 일치하기 때문이다. 즉, '맥아더'라고 하는 '절대적인 권위'에 의존하는 구조는 전전의 천황에 의존하는 구조와 같고, 또한 그것은 역도산 프로레슬링을 '외국인 이퀄 미국인'이라는 형태로 수용하면서 미국 콤플렉스를 극복하려 했던 고도경제성장기의 이중적인 '우리들 일본인'의 감정 구조와도 동일한 역학을 가지고 있다고 할 수 있다.

2. 북한송환사업 미야모토 데루 『자두건』

본장의 요점

북한송환사업(일본에서는 '북조선귀국사업', 북한 및 조총련에서는 '귀국운동' 또는 '귀환운동'이라고 부름)이란 전후 일본에 거주하는 재일조선인들이 1959년 12월 14일부터 수차례의 중단과 반복을 거치면서 1984년까지 9만 3340명이 일본을 떠나 북한으로 향한 전후 최대의 집단이주이다(일본인 동반 가족은 6731명, 중국인 가족은 6명). 귀국자 중에는 약 1800명의 일본인 아내도 포함되어 있었는데, 2002년에 일본 요미우리신문이 북한에서 귀국한 일본인 아내의 궁핍한 생활을 보도하면서 동 기사를 시작으로 일본에서는 송환사업을 재검토하는 많은 서적이 출판되었다. 이와 같은 이른바 송환사업 검증 현상은 당시 가장 정치적 문제로 화두가 되었던 납치문제·핵문제를 둘러싼 일본인의 북한 및 조총련에 대한 분노와도 연동되면서, 당시 송환사업을 지지했던 사회당과 공산당, 그리고 신문, 잡지, 지식인의 비난이 대대적으로 전개되었다.

미야모토 데루의『자두건(紫頭巾)』은 잡지『신쵸(新潮)』에 1987년 1월에 게재되어, 1987년 6월에 출판된『오천 번의 생사(五千回の生死)』(강담사, 문고판은 1990년4월)에 수록된 단편으로, 북한송환사업을 배경으로 첫 귀국선이 출항하기 하루 전날에 발생한 재일조선인에 의한 살인사건을 다루고 있다. 본장에서는 2002년 전후로 공론화된 북한송환사업에 대한 비난과 비판의 틀을 기준으로 동 소설의 옳고 그름을 판단하는 것이 아니라, 소설이 발표된 동시대의 문맥, 즉 88서울올림픽을 둘러싼 남북관계 및 냉전체제 속에서 1959년의 북한송환사업이 왜, 그리고 어떤 방식으로 사유되고 있는지를 분석하는 것을 목적으로 한다.

작가 소개

미야모토 데루(宮本輝, 1947~)

미야모토 데루는 1947년에 고베시(神戸市)에서 태어난 이른바 베이비붐 세대이며, 당시 48살이었던 아버지의 외동아들로 태어나 많은 사랑을 받으며 자라게 된다. 1966년, 1년 재수 후에 오사카에 신설된 오테몬학원대학(追手門学院大学) 문학부에 입학, 졸업 후에는 산케이광고회사에서 카피라이터로 근무하지만, 20대 중반부터 불안신경증을 앓기 시작한다.

회사 생활에 불안감을 느끼기 시작하던 어느 날, 귀가 길에 비를 피하려 들어간 서점에서 우연히 읽은 유명 작가의 소설에 환멸을 느끼고, 어린 시절부터 독서광이었던 미야모토 데루는 본인이라면 조금 더 재미있는 소설을 쓸 수 있다고 생각하고 퇴사를 결심하게 된다. 그 무렵, 지인을 통해서 알게 된 작가이자 편집자 이케가미 기이치(池上義一, 미야모토 데루의 펜네임을 지어준 사람)로부터 본격적인 작가 지도를 받는다.

1977년, 자신의 어린 시절을 모티프로 한 『진흙탕 강(泥の河)』으로 제13회 다자이오사무상을 수상하면서 데뷔, 다음 해인 1978년에는 『반딧불 강(螢川)』으로 제78회 아쿠타가와상을 수상하면서 작가로서

의 지위를 확립한다. 이후, 폐결핵으로 인한 건강 악화로 작품 활동을 쉬며 요양하기도 했지만, 오랜 기간 동안 아쿠타가와상과 미시마유키오상 심사위원을 두루 역임한 일본의 대표 작가이기도 하다.

미야모토 데루의 작품은 이른바 그의 원점이라고 할 수 있는 〈강 3부작〉(1977년의 『진흙탕 강』, 1978년의 『반딧불 강』, 1981년의 『도톤보리천』)이 대표적이듯이, 서민적 장소가 많은 것이 특징이다. 특히, 작품 속 등장인물은 검소하지만 소소한 기쁨을 느끼며 하루하루를 살아가는 사람들이 많고, 그들을 통해 때로는 흉악하고 욕망에 노출된 삶, 그리고 폭력과 성을 서정적으로 그려내고 있다.

『자두건(紫頭巾)』

SCENE 1

「ほんまに死んでるんか？」
「息、してへんがな。さっきからずっと。死んでるのにきまってるわ」
「これ、血ィやろ？」
「血ィや、血ィや」(中略)
崔一家、金一家、日本人の妻と別れた尹正哲がいなくなった渡辺アパートは、玄関の鍵がかけられ、どの窓にも明かりはなく、寒風の中で廃屋にしか見えなかった。私の両親も、武本の父も、安っちゃんの母と兄も、新潟港へ向かう崔、金、尹を見送るため、国鉄の尼崎駅から大阪駅に行き、まだ帰ってこない。アパートの大家さんは、壁や窓ガラスに貼られた＜つぶせ！北の傀儡アパート＞とか＜あわれなり売国・亡国の北朝鮮帰還組＞という手書きのビラをそのままにして、今朝から姿をくらましていた。
(中略)

五世帯が住む長屋のうち、子供だけが寝ているのは、屋台のラーメン屋の二家族で、あとは園子の住まい、残りの二世帯は、同じ朝鮮人でありながら、北へ帰ることに決めた崔、金、尹たちといがみ合いつづけた呉一家、それに一人暮しの李爺さんである。

「정말로 죽은 거야?」

「숨 안 쉬어. 조금 전부터 계속. 죽은 게 확실해」

「이거 피지?」

「피야, 피」(중략)

최 씨 일가, 김 씨 일가, 일본인 아내와 헤어진 윤정철이 사라진 와타나베 아파트는 현관 열쇠가 감겨져 있고, 어느 창문 하나에도 불빛은 없어서, 겨울 찬 바람 속 폐가로밖에는 보이지 않았다. 나의 부모님과 다케모토의 아버지, 얏짱의 어머니와 형도 니이가타항으로 출발하는 최 씨, 김 씨, 윤 씨를 배웅하기 위해서 국철 아마가사키역에서 오사카역으로 간 뒤 아직 돌아오지 않았다. 아파트 주인은 벽과 유리창에 붙은 〈뭉개버려라! 북의 괴뢰 아파트〉라든지 〈불쌍하도다 매국·망국의 북한귀환단〉이라고 하는 손으로 쓴 삐라를 그대로 방치한 채, 오늘 아침부터 자취를 감추고 말았다.(중략)다섯 세대가 사는 연립주택 중에서 아이만 자고 있는 집은 라면 포장마차를 하는 두 가족이고, 그 다음은 소노코의 집, 마지막 두 세대는 같은 조선인이면서 북으로 돌아가기로 결심한 최 씨, 김 씨, 윤 씨들과 서로 헐뜯고 싸웠던 오 씨 일가, 그리고 혼자 사는 이 씨 할아버지이다.

SCENE 2

刑事は、舌打ちをし、警官に、「検死の結果を待って、殺しやと判っても、手遅れやぜ」と耳打ちした。彼は、あらたに駈けつけた刑事と何ごとか相談した。刑事たちの言葉は、断片的にしか私たちには聞こえなかったが、朝鮮総連とか、赤十字とか、新潟港という言葉がそれぞれの白い息に混じって、私の耳に届いた。
「厄介な置きみやげを残していきやがって」
その刑事の言い方は、まるで園子が、祖国へ帰るために今夜大阪駅から新潟へと向かった朝鮮人の誰かに殺されたと確信しているみたいだった。私はとっさに、仲良しだった崔勲の兄である崔圭一の、角張った顎と、短躯だが逞しい猪首や肩幅を脳裏に描いた。

형사는 혀를 차며 경관에게 "검사 결과를 기다려서 살인이라고 밝혀져도 한 발 늦는다고"라고 귓속말을 했다. 그는 나중에 합류한 세 명의 형사와 무언가 이야기를 나눴다. 형사들의 말은 단편적으로밖에 나에게는 들리지 않았지만, 조선총련이라든가 적십자라든가 니이가타항이라는 단어가 사람들의 한얀 입김에 섞여 나의 귀에 닿았다.
「기어이 귀찮은 선물을 남기고 가는구만」
그 형사의 말투는 마치 소노코가 조국으로 돌아가기 위해서 오늘 밤 오사카 역에서 니이가타로 출발한 조선인 중의 누군가가 죽였다고 확신하고 있는 듯 했다. 나는 순간 사이가 좋았던 최훈의 형인 최규일의 각진 턱과 키는 작지만 강인한 짧고 굵은 목과 넓은 어깨를 뇌리 속에 그렸다.

SCENE 3

刑事は、私の名と年齢、それに住所と学校名を訊いて、手帳に控えた。
「何時ごろや」
私は二十分ほど前だと思うと言った。
「きみが見たときは、もうあそこに倒れとったんか」
私は、かぶりを振った。
「ここから出て来たんです」
鉄屑置き場と渡辺アパートとのあいだの、人ひとりがやっと通れる隙間を指差し、園子はこの奥の長屋に住んでいる、そうつけくわえた。
「園子か……。公園の園やな」
「花園の園です」
猿公が甲高い声で言い、言ったあと、私たちを不安そうに見やった。

형사는 내 이름과 나이, 그리고 주소와 학교 이름을 묻고는 수첩에 적었다.
「몇 시쯤이지?」
나는 20분정도 전이라고 생각한다고 말했다.
「네가 봤을 땐 이미 저기에 쓰러져 있었니?」
나는 머리를 저었다.
「여기에서 나왔어요」
고철을 놓아둔 곳과 와타나베 아파트 사이에 사람 한명이 겨우 다닐 수 있는 좁은 공간을 가리키며, 소노코는 이 안쪽 연립주택에 살고 있다고 덧붙였다.
「소노코(園子)라……. 고우엔(公園)의 엔(園)이지」
「하나조노(花園)의 소노(園)입니다」
사루코가 날카로운 목소리로 대답한 후, 우리들을 불안한 듯 쳐다봤다.

SCENE 4

半年近くたった日曜日の昼に、猿公が、姉の芳子と一緒に、私の家を訪れた。日曜日は店は休みなので、多少不審な顔つきで父が戸をあけると、化粧気のない芳子の隣に立つ猿公が、私を見て顔を赤くさせた。芳子は、ときおり周りを気にしながら、お世話になったお礼の挨拶に来たのだと言った。私たちは、そのとき初めて、芳子と猿公が朝鮮人であることを知ったのだった。(中略)

「どこへ引っ越しはるのん？」

と訊いた。芳子は、出発の日まで誰にも言わないでほしいと頼み、

「北朝鮮です」

そうぽつんと言った。猿公は、いつになく腫れぼったい目をきつくさせて、まねき猫ばかり睨んでいた。

반 년 가까이 지난 일요일 점심, 사루코가 누나 요시코와 함께 우리 집에 찾아왔다. 일요일은 가게를 쉬기 때문에, 약간 의아한 표정으로 아버지가 문을 열자, 화장기 없는 요시코 옆에 서 있는 사루코가 나를 보고 얼굴을 붉혔다. 요시코는 이따금 주위를 살피며, 신세를 진 것에 대한 감사 인사를 하러 왔다고 말했다. 우리들은 그 때 처음으로, 요시코와 사루코가 조선인이라는 사실을 알았다.(중략)

「어디로 이사 가는 거니?」

라고 물었다. 요시코는 출발하기 전까지는 누구에게도 말하지 말라고 부탁하며,

「북한입니다」

그렇게 짧게 말했다. 사루코는 평소와 달리 부어오른 눈을 부릅뜨고, 복고양이만을 노려보았다.

줄거리

북한으로의 첫 귀국선이 출항하기 전날인 1959년 12월 13일의 오사카, 초등학교 6학년(12살)인 '나'는 친구들과 함께 북한으로 귀국하기 위해서 니이가타(新潟)로 떠난 윤정철(尹正哲)의 집에 돈이 될 만한 고철이 있을까 하고 찾아간다. 그런데 그 때, 우연히 집 근처 골목길에서 비틀비틀 나와 쓰러져 죽는 '소노코(園子)'라는 여자의 최초 발견자가 된다. 경찰의 수사망은 소노코와 사귄 적이 있는 하지만 북한으로 귀국하기 위해 니이가타로 떠난 최규일(崔圭一)을 범인으로 좁혀 가는데, 사건 당일 '나'와 함께 고철을 훔치러 갔던 친구 '사루코(猿公. 본명은 猿渡佑士)'는 소노코의 직업은 '자두건을 쓴 점쟁이'이며, '사람이 죽는 날까지 맞추'는 '모두가 알고 있을 정도로 유명'하다고 이야기한다.

하지만, 사루코는 평소에 '즉흥적으로 이야기를 만들어 들려주는 것이 특기'이기 때문에 '나'는 사루코의 말을 믿지 않고, 또한 경찰의 수사 결과 소노코의 출신과 '상당한 저축'이 있었다는 사실은 밝혀졌지만, 사루코가 말한 '자두건을 쓴 점쟁이'이라는 사실은 마을사람 그 누구도 모를 뿐만 아니라 신문에도 실리지 않았다. 그런데 사건으로부터 '반년 가까이' 지난 어느 날, 누나와 함께 '나'의 집에 찾아온 사루코는 자신들이 '조선인'이라는 사실과 다음 날 귀국선을 타기 위해서 니이가타로 출발한다고 밝힌다. 그리고 다음 날 기차역, 배웅을 나간 '나'의 '귓전'에 사루코는 본인은 '거짓말쟁이'가 아니며, 학교 후문 근처에 '자두건'을 파묻었다고 고백한다. 이후, 사루코가 탄 배가 북한으로 떠난 '다다음날 방과 후', '나'는 사루코가 말한 바로 그곳에서 변색된 '보라색 긴 천'과 그 속에 싸인 '작은 자기 그릇과 주사위가 5개,

텅 빈 지갑 3개'를 발견하면서 이야기는 끝이 난다.

작품 해설

SCENE 1 '추리소설'로서의 88서울올림픽과 북한송환사업

〈본장의 요점〉에서 설명한 바와 같이, 2002년 특종 기사 이후에 전개된 초당파적인 비판을 생각하면 본 소설로부터 일본 제국의 책임론 및 일본인의 가해자성을 읽어내기란 어렵지 않다. 다만, 본장에서 주목하고 싶은 부분은 2002년의 특종 기사보다 훨씬 빠른 시기, 즉 왜 미야모토 데루는 88서울올림픽이 개최되기 직전에 1959년의 북한송환사업을 배경으로 살인사건이라는 소재로 소설을 구상했을까 라는 점이다.

〈88서울올림픽과 북한 관련 연보〉

1981년 9월 30일—서울 올림픽(제24회) 개최 결정(11월 27일-북한, 불참을 표명)

1982년 2월 18일—한국, 남북체육회담을 제안

1983년 10월 9일—아웅 산 묘역 테러 사건(서석준 부총리 및 17명의 한국인과 미얀마인 4명이 사망)

1984년 3월 30일—북한, 남북통일 팀 제안

1984년 4월 9일—제1회 남북체육회담

1984년 4월 30일—제2회 남북체육회담(1984년 6월 2일-북한, 로스앤젤레스올림픽 불참 발표)

1985년 7월 30일—북한, 남북공동개최를 제안(1985년 8월 2일-한국, 남북공동개최를 거부)

1985년 10월 8/9일—제1회 남북스포츠회담
1986년 1월 21일—제2회 남북스포츠회담(1986년 6월 7일-한국, 북한에서 2경기 개최를 인정)
1986년 6월 10/11일—제3회 남북스포츠회담(1986년 7월 4일-북한, 5경기 개최를 요구. 1986년 7월 22일—북학, 10경기 개최를 요구. 1986년 9월 7일-북한, 8경기 개최를 요구. 1987년 3월 16일-북한, 6경기 개최를 요구)
1987년 7월 14/15일—제4회 남북스포츠회담
1987년 9월 17일—IOC, 한국 단독 개최로 초청장 발송. 한국, 공동개최는 무리라고 발표
1987년 11월 29일—대한항공 858편 폭파 사건(KAL기 폭파 사건. 탑승객 115명 전원 사망)
1988년 8월 26일—북한, 제4차 남북예비회담
1988년 9월 3일—북한, 불참 성명을 발표

위의 88서울올림픽과 북한 관련 연보를 보면 알 수 있듯이, 1981년 9월 30일에 제24회 올림픽 개최지로 서울이 결정된 이래, 한국과 북한은 남북스포츠회담 등을 통해서 남북통일 팀 결성 및 남북 공동 개최를 둘러싸고 평화적인 분위기가 조성되었다(특히 소설 『자두건』이 발표된 1987년 1월은 1986년 6월에 열린 제3회 남북스포츠회담 이후, 북한에서의 경기수를 조율하고 있는 단계이기도 하다). 물론 결과적으로는 남북 공동 개최는 실현되지 못했고, 또한 이러한 표면적인 대화 분위기와는 반대로 1983년에는 아웅 산 묘역 테러 사건, 1986년의 아시안 게임 직전에는 휴전선상에서의 총격전 및 김포공항 폭탄사건, 그리고 1987년에는 KAL기 폭파사건 등이 발생하면서 테러 국가로서의 북한이 클로즈업되기도 했다. 당시 북한의 테러에 대해서는 중국과 소련이 참가하는 서울

올림픽을 북한이 무력으로 방해할 수는 없다는 낙관론과 또 다른 테러를 감행할 것이라는 강경론이 부각되었는데, 흥미로운 점은 대화와 테러를 반복하는 예측 불가능한 북한에 대해서, 당시의 미디어는 북한 연구자와 북한에 대한 정확한 데이터가 없기 때문에 결국 추측에만 의지할 수밖에 없다는 의미에서 '북은 추리소설가에 적합하다'고 수사학적으로 보도했다. 뿐만 아니라, 가능성이 희박한 시나리오를 토대로 군사적 긴장을 부추기는 일본의 북한 보도는 '군사 테크놀러지 소설'과 같다는 표현에서도 알 수 있듯이, 88서울올림픽 직전에 발표된 미야모토 데루의 『자두건』이 북한송환사업 직적에 발생한 살인사건을 둘러싼 '추리'를 소재로 하고 있는 점과 동시대의 '추리소설'로서의 북한 표상은 단지 우연이라고는 볼 수 없다. 또한, 올림픽 직전의 북한에 대한 많은 발언들이 동시대의 정치적인 문맥에서 자유로울 수 없다는 점을 생각하면, 1959년의 북한송환사업을 다룬 『자두건』 역시 동시대의 북한에 대한 표상과 밀접한 관계가 있다고 할 수 있다.

그리고 작품 속 살인사건은 재일조선인 내부의 남북이라고 하는 냉전체제의 구도를 토대로 발생 및 수사망이 전개되고 있고, 특히 북한으로 귀국하는 조총련 조선인과 이를 반대하는 민단 조선인으로 분열되어 있으며, 사건이 발생한 장소 역시 남북의 분열 및 대결 구도로 그려지고 있다. 북한으로 귀국하는 조총련계의 조선인이 살고 있는 아파트에 붙은 '뭉개버려라! 북의 괴뢰 아파트'와 '불쌍하도다 매국·망국의 북한귀환단'이라는 민단에 의한 북송 저지 '삐라'와 그들의 주거 공간이 철저하게 조총련계와 민단계로 분리·분열되어 있는 것을 알 수 있는데, 실은 이와 같은 재일조선인 내부의 남북 대결 구도는 1959년 2월 13일에 일본 정부가 재일조선인의 북한 귀국을 승인한 이후의 민단 측의 송환 반대 운동과 일치하는 모습이기도 하다.

예를 들면, 당시의 기사를 살펴보면 '조직을 강화하자. 전국적으로 25일에 일제히 반대대회를 개최하자. 호별 방문으로 귀국 희망의 유무를 조사하고, 희망자는 설득하자—일본 정부의 북선 송환 결정에 대해서 남선계의 대한민국거류민단에서는 송환반대를 위한 투쟁 위원회를 조직하고, 활발한 반대운동에 착수했다'라고 보도하고 있고, 동 기사 옆에는 각 가정을 방문하면서 귀국 포기를 회유하는 민단 관계자와 건물에 붙은 '재일한교북선송환결사반대!!'라고 쓰여진 삐라를 캡처한 사진이 실려 있듯이(「'북선귀환」의 파문」『아사히그래프』 1959년 3월 8월호), 소설『자두건』에서 그려진 조총련과 민단의 대립은 당시 조직적으로 북송을 저지하려고 했던 민단의 모습과 일치하는 설정이라고 할 수 있다.

또한 북한으로 귀국하는 같은 동네 재일조선인을 배웅나간 '나'의 아버지는 오사카 역의 광경에 대해서 "배웅을 나간 우리들에게까지 한국계 패거리들은「배신자」라든지「공산주의의 망자」라고 소리를 지르더군. 조국에 돌아가고 싶은 마음은 어느 나라 사람이든 당연하다고 생각하는데 말이지……"라고 말하고 있듯이, 초등학교 6학년인 '나'의 시점에서 전개되는 동 소설에서 북한송환사업에 대해서 '당연하다고 생각'하는 '나'의 아버지를 일부러 삽입시킨 장면은 당시 '거주지 선택의 자유'라고 하는 인도주의적인 입장에서 북한송환사업을 추진했던 일본적십자 및 일본정부, 그리고 초당파적인 동시대의 여론을 충실히 반영시키고 있다고 볼 수 있다.

SCENE 2 '냉전'과 전도되는 폭력성

소설 속에서 민단, 즉 한국에 대해서 북한송환사업을 반대하는 폭력적인 국가로서의 부정적인 측면만을 강조하고 있는가 하면 꼭 그렇지만도 않다. 일본의 북한송환사업을 인도적인 문제가 아닌 정치적인 문제라고 강력히 반대했던 당시의 한국은 1959년 11월에 제4차 한일회담을 즉각적으로 중지하는 한편, 이승만 라인을 넘어온 일본인 어민 억류자의 송환을 중단시킨다. 그 뿐만 아니라, 소설 속에는 북한으로 귀국하려는 재일조선인을 저지하는 장면은 그려지고 있지만, 귀국하는 열차의 철로 위에서 농성을 벌였던 사건과 비록 실패로 끝이 났지만 일본 거주의 한국 대사까지도 연루되었다고 보도된 일본적십자센터 폭파계획 사건 등, 동시대에 가장 폭력적인 사건으로 이슈화되었던 한국과 민단이 개입된 문제에 대해서는 언급을 피하고 있다. 또한 문제는 재일조선인의 귀국운동 당시, 가장 폭력적인 나라로 표상되었던 것은 한국이었음에도 불구하고, 소설 속에서는 소노코의 유력한 용의자로 한국 및 민단계의 사람이 아니라 북한으로 귀국하는 조총련계의 재일조선인이 지목되고 있다.

담당 형사는 소노코를 살인한 범인은 '니이가타로 출발한 조선인 중의 누군가'로 확신하는데, 앞서 살펴본 바와 같이 당시 폭력적인 이미지는 한국 쪽이 강했다는 점을 고려하면, 수사를 시작하기도 전에 북한 귀국자로 확신하는 형사의 직감은 주목할 필요가 있다. 또한 수사 결과, 북한으로 돌아간 최규일이 귀국을 위해 연인 관계였던 소노코를 죽인 것은 아닐까 라는 잠정적인 결론에 다다르는데(폭행으로 인한 뇌출혈로 이틀 후에 집 앞 골목에서 사망), 이러한 수사에 힘을 실어 준 것이 소노코와 최규일이 "이틀 전 한밤중에, 다투는 소리를 들었다"라고 평소 북한 귀국을 희망하는 조총련계 사람들과 '헐뜯고 싸웠던 오씨 일가'와 '이 씨 할아버지'(민단계)의 증언이다. 즉, 동 소설은 한국과 민단 측 사람들의 증언을 상당히 신뢰하고 있다는 것을 알 수 있는데, 이와 같이 한국과 민단의 과격한 폭력이 편집·삭제되는 형태로 전경화되는 폭력으로서의 북한 표상은 앞서 지적한 바와 같이 소설이 발표된 88서울올림픽 직전의 북한 강경론을 쉽게 환기시킨다.

> 북한이 취할 수 있는 방법으로서는 ①대규모의 군사충돌, ②육해상에서의 총격전 등의 작은 분쟁, ③도시의 게릴라적인 다발 테러, ④일본 등 제3국을 포함한 국제적 테러—등이 상정되어 있다. 86년의 아시아대회 직전에는 남북 휴전 라인 상에서 총격전이 연이어 발생한 후, 개회식 6일 전에는 김포공항 폭탄사건이 일어났다. 동 대회전의 긴박한 상황은 양곤사건과 함께 한국 국민의 뇌리에 강렬하게 각인되어 있다.(다치하라 시게키 「서울올림픽에 불길한 그림자」『세계주보』 1988년 2월 16일호)

북한에 의한 올림픽 방해 공작은 위 인용문에서 언급한 가능성 이외에도, 대한항공기를 이용하는 외국 선수단을 위협하기 위한 KAL기 폭파 시도와 김일성 사상의 광신도에 의한 여객선 자폭의 가능성에 대해서도 언급하고 있는데, 흥미로운 점은 소설 『자두건』의 구조적인 특징은 1981년의 서울올림픽 개최 결정 이후에 형성된 '폭력'으로서의 북한과 또 다른 테러의 가능성을 '추리'하고 있는 동시대의 북한 보도와 구조적 일치를 보이고 있다는 것이다. 즉, 북한의 올림픽 방해공작은 조총련계 최규일의 범행과 일치하며, 사루코의 고백에 의한 또 다른 용의자설에 대한 '추리'(용의자로서의 사루코 역시 북한으로 돌아가는 재일조선인) 역시 북한의 또 다른 테러를 '추리'하게 하는 동시대의 북한 보도와 기본적으로 일치하는 설정이라고 할 수 있다. 그렇게 생각하면, 동 소설은 전반부에 방점을 찍고 읽으면 북한송환사업이 추진되었던 1959년 당시의 한국 비판론으로 읽을 수 있고, 후반부에 방점을 찍고 읽으면 소설이 발표된 동시대의 북한 비판론으로도 읽을 수 있는 구조를 취하고 있다고 볼 수 있다.

SCENE 3 내러티브의 가공성과 내파하는 '냉전'

소설 『자두건』은 방점의 위치에 따라서 북한 비판론과 한국 비판론으로도 읽을 수 있지만, 실은 내러티브가 초등학교 6학년인 '나'라는 사실에 주목하면 또 다른 해석을 가능하게 한다. 예를 들면, '나에게는 우익이라는 말의 의미도 알지 못했고, 북과 남의 구별 역시 알지 못했다. 윤정철이 왜 일본인 아내와 헤어졌는지에 대해서는 단지 왜일까라는 생각밖에 들지 않았다'라고 말하고 있듯이, '나'는 북한송환사업을 둘러싼 동시대의 대문자 공적 언설과는 의식적으로 거리를 두고 있다.

물론 그렇다고 해서 '나'는 동 사건을 둘러싼 정치적인 문제에 대해서 전혀 이해하지 못하는 철모르는 소년은 아니다. 예를 들면, 사건이 발생한 장소의 분위기에 대해서 '어쨌든 싼 주택과 마치 판잣집 같은 연립주택이 밀집한 구역은 한 달 가까이 이상한 상황이 계속되었고, 형사도 오늘 밤의 정숙함의 이유를 알고 있었다'라고 말하고 있듯이, '나'의 집과 사건 현장은 전혀 다른 장소임에도 불구하고 남북의 '이상한 상황'을 정확히 캐치하고 있고, 또한 형사는 사건 당일의 '정숙함의 이유를 알고 있었다'라고 확신적으로 말할 수 있을 정도로 '나'는 영리

하다. 따라서 중요한 점은 '나'의 내러티브를 무조건 신뢰하는 것이 아니라 소년 내러티브를 사용하지 않으면 그려낼 수 없는 세계는 무엇인지, 즉 소년 내러티브의 가공성에 주목해야 할 필요가 있다.

동 소설 속의 살인 사건은 공식적으로는 북한으로 귀국하는 최규일의 범행으로 잠정적 결론에 다다르는데, 주목할 부분은 동 소설의 제목이 『자두건』이라는 점에서도 알 수 있듯이, 소설의 방점은 조금 다른 곳에 찍혀 있다. 앞서 줄거리에서도 소개한 바와 같이, 커밍아웃을 하고 북한으로 돌아가는 사루코는 살해당한 소노코가 사실은 '자두건을 쓴 점쟁이'라고 밝히지만, '나'는 사루코가 평소에도 '즉흥적으로 이야기를 만들어 들려주는 것이 특기'이기 때문에, 그의 말을 믿지 않았고 또한 수사 결과 사루코가 '점쟁이'라는 사실은 전혀 보도되지 않았다. 하지만 소설의 마지막 부분에서 사루코가 가르쳐 준 학교 후문 근처에서 색이 바랜 자두건 속에서 '작은 자기 그릇과 주사위가 5개, 텅 빈 지갑이 3개'가 나온 사실을 생각하면, 동 소설은 경찰 수사와 신문 보도와 같은 공적 언설과는 달리, '나'의 내러티브를 통해서 공적으로 언어화되지 않는 이야기를 의식적으로 대치시키고 있다는 것을 알 수 있다. 물론 학교에서 발견된 자두건과 소노코의 살인사건은 별개의 문제이며, 이것 역시 '즉흥적으로 이야기를 만들어 들려주는 것이 특기'인 사루코의 거짓말이라고 생각할 수도 있다. 하지만 앞서 설명한 바와 같이, '나'의 내러티브는 단순한 소년이 아니라는 사실을 고려한다면, 실은 사루코가 범인일 가능성과 또는 적어도 사루코가 동 사건에 깊이 관여한 용의자 중의 한 사람이라는 사실 역시 완전히 배제할 수는 없다.

경찰은 화자인 '나'에게 질문을 하고 있었는데도 불구하고 소노코의 이름에 대해서 돌발적으로 반응하는 사루코의 모습과 그런 본인의 반응을 뒤늦게 깨닫고는 '우리들을 불안한 듯 쳐다봤다'라는 기술 역시, 소노코의 죽음에 대해서 사루코가 어떠한 형태로든 범행과 관련되어 있다는 사실을 암시하는 부분이다. 또한 사루코의 진술과는 달리, 소노코가 '자두건을 쓴 점쟁이'라는 사실이 동네 사람들 그 누구도 알지 못할 뿐 아니라 사건을 보도하는 신문에도 실리지 않자, 무슨 일이 있을 때마다 사루코를 '거짓말쟁이'라고 놀리는 '나'에게 '그 때마다 사루코는 입을 삐쭉거리며 뭔가 말하려고 했지만'이라고 설명하고 있듯이, 작품의 곳곳에는 사루코를 용의자로 간주하지 않으면 해석이 불가능한 기술이 다수 발견된다(경찰 수사에 의해서 죽은 소노코가 '상당한 저축'이 있었다는 사실과 자두건 속에서 '텅 빈 지갑 3개'가 발견된 설정 역시, 부모 없이 누나 요시코(芳子)가 나이를 속이고 카바레에서 일을 하며 생계를 유지하고 있다는 점에서 가난으로 인한 사루코의 절도를 암시하는 장면으로 해석 가능하다).

물론 이와 같은 해석 불가능한 기술을 기준으로 동 소설에서 사루코를 소노코를 죽인 진범이라고 단정적으로 읽어낼 수는 없다. 하지만 중요한 점은 이와 같은 해석 불가능한 기술에 주목함으로써, 결과적으로 경찰 수사 및 공적 언설에서 보도되고 있는 것처럼 북한으로 귀국한 최규일을 범인으로 확정지을 수도 없게 된다는 것이다. 즉, 소설『자두건』은 결코 순진하지만은 않은 '나'라는 치밀하게 가동된 소년 내러티브를 이용해서 소노코의 죽음을 둘러싼 공적 언설을 상대화시키고 있고, 동시에 이러한 이중적인 구조는 소설이 발표된 동시대의 독자들에게 북한의 테러라고 하는 군사적 '블러프(협박, 엄포)' 때문에 은폐되는 '리얼리티', 즉 '벼랑끝 정책'의 이중적인 구조를 상상하게 하는 역할을 하고 있다고 해석할 수 있다.

SCENE 4 공모하는 남북

앞서 살펴본 바와 같이, 소설의 이중적 구조와 88서울올림픽 직전의 북한의 보도에서 나타나는 이중적인 구조의 동일성은 실은 30년 가까운 시간차를 두고는 있지만, 전후 냉전시대의 틀 속에서 보면 한국과 북한은 '냉전' 그 자체의 구조적인 역학을 서로 공모하고 있다는 사실을 알 수 있다. 즉, '거주지 선택의 자유'라는 '인도주의'를 슬로건으로 내세웠던 북한송환사업과 '세계평화'를 슬로건으로 내세웠던 88서울올림픽이라고 하는 두 개의 빅 이벤트는 표면적으로는 달콤한 휴머니즘을 말하고 있지만, 서로의 속내는 이데올로기와 국가의 우위성을 과시하고 있다는 점에서 놀라울 만큼 구조적으로 일치한다.

이와 같은 1959년의 북한송환사업과 동 소설이 발표된 88서울올림픽과의 구조적인 동일성을 경유하면서 다시 '나'라고 하는 내러티브의 가공성에 주목해보면, 결국 소년 '나'의 내러티브에 의해서 부각되는 사루코의 용의자설은 '냉전'이라고 하는 이데올로기의 역학 관계 속에서, 공적 언설이 되지 못한 많은 기억들을 되살리기 위한 하나의 장치라고 볼 수 있다. 달리 말하자면, 일반적으로 재일조선인이 북한으로 귀국한 이유에 대해서는, 첫째는 취업에 대한 차별문제, 둘째는 북한의 노동력 부족을 보충해서 사회주의 건설, 그리고 셋째는 일본 정부의 재일조선인에 대한 생활보호비 삭감 정책(결과적으로 재일조선인의 귀국을 통해서 역사적·도의적 책임을 회피) 등을 이야기하는데, 소설 속에서는 소년 '나'의 내러티브를 통해서 이와 같은 송환사업에 대한 일반화된 공적 언설에는 회수·환원되지 않는 많은 단편적 기억들이 기술되어 있다.

예를 들면, 1)신체검사에서 항상 '영양요주의' 판정을 받으며 '어떤 과목도 40점 이상'을 받은 적이 없지만 '끝없이 기상천외'한 이야기를 만들어 친구들의 인기를 휩쓰는 사루코, 2)북한으로 돌아간 최규일에게 돈을 빌리고 못 갚은 '속죄'로 오사카 역으로 배웅을 나간 얏짱의 어머니, 3)조선인을 싫어하면서도 최규일에게 약점을 잡혀 배웅을 나간 다케모토의 아버지(소노코와 내연관계), 4)북한으로 귀국하는 윤정철을 따라가지 않고 홀로 남아 울기만 하는 일본인 아내, 5)북한으로 떠나기 전에 일본인 남자친구와 마지막 탁구를 즐기는 사루코의 누나 요시코, 6)탁구장 2층에 있는 사루코의 방과 탁구장을 몇 번이나 왕복하다가 결국 '일본인이라고만 생각했던 요시코가 그것도 모레 일본을 떠난다고 하는 요시코의 기이할 정도로 들뜬 행동'에 실망한 나머지 사루코에게는 한 마디 말없이 돌아와버린 '나', 7)커밍아웃과 누나의 결정에 따라 북한으로 귀국한다며 '나'의 집에 마지막 인사를 와서는 '아무런 반응도 보이지 않고, 복고양이를 노려보기만 했'던 사루코의 애처로운 눈빛 등, 소설 『자두건』은 북한송한사업을 둘러싸고 공적으로 담론화되지 않고, '냉전'의 이데올로기 속에서 정치적 담론으로 회수되지 않는 많은 사람들의 다양한 관계성과 개별성을 그려내고 있다. 그렇게 생각하면, 동 소설은 전전 일본제국의 책임론 및 일본인의 가해자성을 그려냈다기보다는, 오히려 전후의 '냉전'이라고 하는 이데올로기가 만들어낸 이항대립적인 관계에서 배제된 다양한 재일조선인과 일본인과의 관계를 그려내고 있다고도 말할 수 있다.

3. 이승만라인 미즈키 요코 『저것이 항구의 등불이다』

본장의 요점

이승만라인이란 1952년 1월 18일에 당시 이승만 대통령이 발표한 '대한민국 근접 해양의 주권에 대한 대통령 선언'에 입각하여 설정된 것으로서, 한국의 해안선으로부터 최고 60해리에 이르는 주변수역에 경계선을 그어 이 지역 내에서의 수자원 및 어업에 대해서 주권을 행사한다는 것이다. 하지만 이승만라인 설정 후의 한일관계는 단일적이고 획일적인 것은 아니었고, 한일회담과 북한송환사업 등 동시대의 정세 변화에 따라 시시각각 그 의미가 변화하는 것이기도 했다. 이승만라인은 일반적으로 다음과 같이 3기로 구분하는데, 제1기는 1952년 1월 18일 이승만라인 설정으로부터 1953년 9월 27일 클라크라인 폐지까지이며, 제2기는 1953년 9월부터 1960년 4월 한국의 이승만 정권이 무너지고 제6차 한일회담이 중단될 때까지이고, 더욱이 이 시기는 동질의 문제를 내포하면서도 전기와 후기로 나눈다. 그리고 제3기는 이승만 정권이 무너지고 1965년 한일회담이 타결될 때까지이다.

영화 『저것이 항구의 등불이다』(1961년 2월 26일 개봉, 이마이 다다시 감독, 미즈키 요코 각본)는 당시 한일 간에 정치적으로 첨예하게 대립하고 있었던 이승만라인(한국에서는 '평화선'이라고 부름)을 배경으로, 정치적인 경계의 구획으로 인해 대립되는 재일조선인과 일본인 선원들과의 갈등

을 그린 작품으로, 1961년도 동경도교육위원회특선, 기관지영화클럽 특선, 전일본해원조합특선 등, 다방면에 걸쳐 높은 평가를 받은 영화이다. 동 영화는 1961년도 잡지『기네마순보(キネマ旬報)』7위에 입상, 시나리오를 담당한 미즈키 요코는 각본상을 수상했다.

시기적인 측면에서 보면, 1961년 2월에 개봉한 동 영화는 제3기에 속한다고 할 수 있지만, 시나리오를 담당한 미즈키 요코는 1959년 여름부터 시나리오 작업을 위한 필드 조사를 시작했다는 점을 생각하면, 동 영화는 제2기 후기에서 제3기로 넘어가는 과도기를 시대적 배경으로 하고 있다고 볼 수 있다. 뿐만 아니라, 이 시기는 1959년 2월에 일본내각의 승인으로 재일조선인의 북한송환(일본에서는 '귀국사업'이라 부름)이 결정되어 한국과 북한, 그리고 일본이 동 문제로 첨예하게 대립되던 시기이기도 하다. 본장에서는『저것이 항구의 등불이다』에 나타난 재일조선인 표상을 이승만라인뿐만 아니라 북한송환사업, 그리고 미결된 한국송환사업을 둘러싼 한미일이라는 삼각구도 속에서 다각적으로 살펴보는 것을 목적으로 한다.

작가 소개

미즈키 요코(水木洋子, 1910~2003)

미즈키 요코는 1910년 도쿄 출생으로, 문화학원(文化学院)을 졸업 후에 도쿄좌익극장 배우로 데뷔, 24세에 아버지와 사별 후, 가정을 꾸려나가기 위해 각본을 쓰기 시작한다. 처음에는 연극을 위한 각본을 썼지만, 전중에는 라디오 드라마 각본을 중심으로 집필 활동을 했고, 1938년 12월에 영화 감독 다니구치 센키치(谷口千吉)와 결혼하지만, 다음 해 10월에 협의 이혼한다.

전후, 러시아어의 스승이자 시나리오 작가의 대가인 야스미 도시오(八住利雄)로부터 영화 시나리오 집필을 추천 받아 1949년『여자의 일생(女の一生)』이라는 작품으로 정식 데뷔하게 된다. 이후, 여성의 시점에서 그린 히트작을 다수 발표했고, 특히 문예작품의 각색 분야에서 많은 작품을 남겼다.『기네마순보』에서 1위를 4회 수상, 제1회 기쿠치 칸상(1953년)과 정부로부터 보관장 훈장을 수상했고, 사후에는 모든 재산을 1946년부터 오랜 기간 생활해 온 치바현 이치카와시(市川市)에 기증했다.

동 영화를 감독한 이마이 다다시(今井正, 1912년 출생)는 청소년기 때부터 맑시즘과 영화에 심취, 특히 찰리 채플린의 열렬한 팬이었다. 도쿄제국대학 미술사학과에 재학중이던 당시, 학내 비밀조직인 독서회에서 활동하다가 1년 정학처분을 받고, 이후 대학을 중퇴하게 된다. 1935년, J·O 스튜디오에 입사 이후, 로케이션 헌팅, 스크립터, 조감독 등을 거쳐, 1937년에 J·O 스튜디오가 도호(東宝) 영화사에 합병되면서 연출의 기회를 얻게 된다.

전후, 노동조합 투쟁에 일익을 담당하던 이마이 다다시는 일본 내 공산주의자를 색출하는 일명 레드퍼지(red purge: 적색분자추방)에 휘말려 메이저 제작사에서 퇴출당하는 수모를 겪기도 한다. 이후, 원폭 후유증과 인종차별, 그리고 재일조선인 문제 등, 공산주의 실천가이자 휴머니즘 가득한 사회파 리얼리즘 영화의 거장으로 평가받고 있다. 다만, 데뷔 초기에는 조선총독부의 후원으로 제작된『망루의 결사대』(望楼の決死隊, 1943년), 그리고 조선인 감독 최인규와 공동연출한『사랑의 맹세』(愛の誓ひ, 1945년) 등에서는 한국인들의 가미카제 특공대의 지

원을 촉구하는 등, 자신의 신념과 상충된 국책영화를 다수 제작했다. 블루리본상 작품상 5회, 감독상 4회를 수상하며 최다 기록을 세웠을 뿐만 아니라, 『기네마순보』에서도 베스트 텐에 22번이나 랭크되었다 (베스트 1위에 오른 영화도 5편).

미즈키 요코와 이마이 다다시는 『저것이 항구의 등불이다』 이외에도, 『다시 만나는 날까지(また逢う日まで)』(1950년), 『히메유리의 탑(ひめゆりの塔)』(1953년), 『여기에 샘이 있다(ここに泉あり)』(1955년), 『순애이야기(純愛物語)』(1957년), 『기쿠와 이사무(キクとイサム)』(1959년) 등 다수의 작품을 함께하고 있다.

『저것이 항구의 등불이다(あれが港の灯だ)』

SCENE 1

7 漁業無線局

モールス信号がカン高く鼓膜をつく。「ピピ、ピピーピ、ピ、ピピー」。緊急情報にざわめく室内で、それを受信(訳文)するA通信士。

「こちらはJSR, JSR, 零時四五分警戒警報発令、全域、(特に六、七、八及びその以北)怪船恰数隻拿捕行動開始、本行動は本年最大のものであるので、最も警戒を要す」

切迫を増す電話—「五時十分、今、怪船は真横、速力速し。第一日乃丸発未だ発砲されつつあり」

「五時十二分、第一日乃丸、第二日乃丸盛に銃撃をうけている」

「五時十三分、第二日乃丸は電話連絡するも応答なし」

「こちらは第一日乃丸、第一日乃丸五時十五分、怪船との距離五百メーター、ガンガン撃ってくる」

突如電話係が訳文を手に、「あッ第二日乃丸の連絡ありました。五時十七分、今横付けされた、エンジンストップ。はい、今銃を持って入って来た。もう駄目、これにて打切る。会社、家族によろしく……伝え乞う」

7 어업무선국

모스 신호에 날카롭게 고막을 찌른다. 「삐삐, 삐삐-삐, 삐, 삐삐-」. 긴급 정보에 술렁이는 실내에서 그것을 수신(역문)하는 A통신사.

「여기는 JSR, JSR, 0시 45분 경계경보 발령, 전지역, (특히 6, 7, 8 및 그 이북)괴선 수 척이 나포 개시, 이번 행동은 올해 들어 최대 규모, 무엇보다 경계를 요한다」

절박함을 가중시키는 전화━「5시 10분, 지금 괴선은 바로 옆, 속도 빠름. 제1히노마루에서 계속해서 발포당하고 있다는 무선」

「5시 12분, 제1히노마루, 제2히노마루 거세게 총격을 받고 있다」

「5시 13분, 제2히노마루는 전화 연락을 해보았지만 응답 없음」

「여기는 제1히노마루, 제1히노마루, 5시 15분, 괴선과의 거리는 500미터, 거세게 공격해온다」

갑자기 전화 담당자가 역문을 손에 쥐고, 「아, 제2히노마루에서 연락이 들어왔습니다. 5시 17분, 지금 배 옆에 부착했다, 엔진 스톱. 네, 지금 총을 들고 들어왔다. 더 이상 안 되겠다. 이것으로 중단한다. 회사, 가족에게 안부……전해주길 바란다」

SCENE 2

木村「母親はの、泣いて帰った俺を黙って家に抱きこんでの、何も言わんかった。俺は、この時から、一生、自分の生れバかくして生きようと思った。日本人を憎しみながら、日本人になりきろうとする……自分の気持が……どうにもやりきれん時がある。二十歳まで、この二十年間、かくさねば辛い、かくせば苦しい、時々背筋がゾッとするような……」
金玉順「うん、みんな同じよ、……誰でも、その思いバ……みんな同じよ……」
外に歌声が聞こえる—木村、聞耳をたてる。
金玉順「あれは、李さんたちが北へ帰るんよ。近所の日本人たちが見送って行く言うとったけん……(中略)三十八度線の北は働くものの天地じゃと。わたしらの祖国が出来たんじゃと李さんは言うよ。北の報道が正しいなら、誰も帰りたいと思う筈よ。しかし知らんから。じゃ南に行くかと言われても、知らんから不安、どちらも不安よ」
木村の目前を李さん夫婦と子供たちの明るい輝いた顔、歌って見送る人々の顔々々—が通って行く。金玉順は髪をとかしながら、
金玉順「北へ帰る不幸もパルチャ、運命だよ。ここに残るのもパルチャ……運命よ」

기무라「어머니는 말이지, 울며 돌아온 나를 말없이 집으로 안고 들어와 아무런 말도 하지 않았어. 나는 그 때부터 죽을 때까지 내 출생을 숨기며 살아가기로 결심했어. 일본인을 미워하면서, 완벽하게 일본인이 되려고 하는……내 마음이……도저히 주체할 수 없을 때가 있어. 스무 살 때까지, 지금까지 20년 동안, 숨기지 않으면 괴롭고 숨기면 고통스러워, 가끔 소름이 돋을 듯한……」
김옥순「응, 모두 다 같아, ……누구나 다, 그런 생각……모두 똑같아……」

밖에서 노랫소리가 들려온다—기무라, 귀를 기울인다.
김옥순「저건 이 씨 가족이 북한으로 돌아가는 거야. 이웃 일본인들이 환송하러 간다고 했어……(중략)38도선 북쪽은 일하는 사람들의 천국이라고. 우리들 조국이 생겼다고 이 씨 아저씨는 말했어. 북한의 보도가 맞다면 다들 돌아가려고 하겠지. 근데 모르니까. 그럼 남쪽으로 갈래 라고 한들 모르니까 불안하고, 어느 쪽도 다 불안해」
기무라의 눈 앞을 이 씨 아저씨 부부와 아이들의 밝게 빛나는 얼굴, 노래부르며 환송하는 사람들의 얼굴 얼굴 얼굴이 지나간다. 김옥순은 머리를 빗으며,
김옥순「북으로 돌아가는 불행도 팔자, 운명이지. 여기에 남는 것도 팔자……운명」

SCENE 3

木村「お前がすべてを話したら、あの子は、必ずお前に傾くけん……」
石田「俺をそんな人間じゃと思っとるのか！よか。そんならそれでよか。人を疑う悪い癖じゃお前は……(さっさと歩きだすが、ふと気づいたように)それで俺を避けたがっとったんじゃな。何故胸を張って歩かんのだ。昔ならともかく、そんなに自分の……」
木村「足の悪い人間が、いつも足を気にするのと同じだ」
石田「足が悪いのか、お前は！」
木村「日本人が、俺たちの足バ折った！胸張って歩け言うても、差別される世の中で無理言うな！」
(中略)
石田「(激怒を抑えきれず)人を信じない人間が、人から信じられると思っちょるのか。本当のことを言えん奴が、本当の愛情が得られると思っちょるんか。真実を言って逃げる奴は逃げさしたらよか。逃げん奴も星の数ん中に、一つや二つは居るんじゃ。居る筈じゃ。それを思わんで、人間生きちょれるか！女のことだけじゃない。出航前の、危険をはらんだ海にみんな心バ一つにして乗り出そうちゅう時、お前みたいな塵芥の根性がまじっとって、やりおおせると思うとじゃろか！」

기무라「네가 모든 것을 말하면, 그 아이는 반드시 너 쪽으로 넘어갈 테니까……」
이시다「나를 그런 인간으로 생각하고 있었던 거야! 좋아. 그렇다면 됐어. 사람을 의심하는 나쁜 버릇이 있어 넌……(재빠르게 걷다가 뭔가 생각이 난 듯이). 그래서 날 피한 거였군. 왜 가슴을 펴고 살지 않는 거야? 옛날이라면 어쩔 수 없었지만 그렇게 자신의……」
기무라「다리가 아픈 사람이 항상 다리를 신경 쓰는 것과 같아」
이시다「다리가 아프니 너?」
기무라「일본인이 우리들 다리를 부러뜨렸어! 가슴을 펴고 살라고 한들 차별적인 사회에서 그런 말도 안 되는 소리는 하지 마!」
(중략)
이시다「(격노를 억누르지 못하고)남을 믿지 않는 사람이 남이 날 믿어 줄 거라고 생각해? 진실을 말하지 않는 녀석이 진실된 애정을 얻을 수 있을 거라고 생각하는 거야? 도망치지 않는 녀석도 저 별 속에 하나 둘은 있어. 있을 거야. 그것을 생각하지 않고 인간이 어찌 살 수 있겠어! 여자 얘기뿐만이 아냐. 출항 전, 위험이 도사리는 바다 앞에서 모두가 마음을 하나로 해서 출발하려고 할 때, 너 같은 쓰레기 같은 근성이 섞여 있으면 무사히 조업을 끝낼 수 있을 거라 생각해?」

SCENE 4

木村「いろいろお世話になって、御恩返しも出来んと、すまん思いますけど…郷里へ帰ろう思って…(中略)つまり……僕の両親は、日本人ではないんです！」
後藤漁撈長「わかっちょる！」
(中略)
母の声「このたび新聞で親かた様のむすこさん、せんちょう様が、だほされて、ほかに死んだ方もあること知って、おどろきかなしくなり、むねいたくなり、何もたべられません。ほんとうにどうしてわびたらええのか、このてがみに書くこと、一通りおきき下さい。今までかくしていたこと言いますけん、木村いうのは、創氏改名してあとの名前、ほんとはわたくし親子は朴春明いう……倅は親方様を慕って一生懸命働いて居ったに違いないけれども、今はもういっさい終わりました。わたしも覚悟バしとります。倅はおひまを貰い、よくよくお詫びをして、帰される時が来た。それも仕方ない。わたしらはまた日本を去って、北に帰ろう思います。親子が肩身のせまい思いせず、お日様の下でひけ目なく働ける日、その日が一日も早くくるように……」

기무라「여러모로 신세를 졌는데, 보답도 못하고 죄송스럽지만…고향으로 돌아가려고 생각합니다만…(중략)따라서……저의 부모님은 일본인이 아닙니다!」
고토 어로장「알고 있어!」
(중략)
어머니의 목소리「이번에 신문에서 선장님의 아드님, 선장님이 나포되어, 그 외에도 죽은 분도 있다는 사실을 알고, 너무 놀라 슬퍼 가슴이 아프고 아무 것도 먹지 못했습니다. 정말이지 어떻게 사죄를 드리면 좋을지, 이 편지에 쓰는 내용을 잠시 들어 주세요. 지금까지 숨겨 온 사실을 말씀드리겠습니다. 기무라라는 성은 창씨개명한 후의 이름이고, 본래 우리 가족은 박춘명이라는……아들은 선장님을 마음 속 깊이 따르며 열심히 일했을 거라고 생각합니다만, 이제는 모든 것이 다 끝났습니다. 저도 각오를 하고 있습니다. 아들은 때를 봐서 진심으로 사죄를 드리고, 돌아올 때가 왔다. 그것도 어쩔 수 없는 일입니다. 저희들은 일본을 떠나 북으로 돌아가려고 합니다. 부모 자식이 주눅들지 않고 하늘 아래 열등감 갖지 않고 일할 수 있는 날, 그런 날이 하루 빨리 찾아오기를 바라며……」

줄거리

이승만라인 인근 어촌, 저인망 그물을 이용한 조업을 하던 제1히노마루와 제2히노마루는 한국 경비정으로부터 공격을 받게 되고, 제2히노마루는 나포, 제1히노마루는 총격을 받으면서도 가까스로 귀항에 성공한다. 하지만, 회사에서는 제1히노마루를 다른 회사에 처분하고 폐업을 결정한다.

그러던 어느 날, 출생을 숨기며 조업을 하던 제1히노마루의 선원 기무라 히데오(본명, 박춘명)는 그의 출생을 알고 있는 초등학교 동창생 이시다의 등장으로 위협을 느끼기 시작한다. 그리고 반 년 후, 이시다는 기무라에게 호의를 가지고 있는 과일가게의 미카코를 유혹하지만, 미카코가 이를 거부하자, 기무라에게 커밍아웃을 강요한다. 결국, 기무라는 어로장에게 출생을 밝히고 고향으로 돌아가겠다고 말하지만, 어로장은 기무라의 어머니에게서 온 편지로 이미 그의 출생을 알고 있었고, 그의 호의와 중재, 그리고 동료들의 동의로 어업을 계속할 수 있게 된다.

하지만 조업 도중, 한국 경비정에 나포되어 5년 간 감옥에 억류된 경험이 있는 마츠무라는 기무라의 조국을 철저히 증오한 나머지, 기무라를 '스파이' 취급하며 작은 다툼을 일으킨다. 그리고 두 번째 조업 도중 기무라가 탄 어선은 한국 경비정 출몰과 대피 과정에서 프로펠러에 그물이 걸리는 일촉즉발의 위기 상황이 발생하고, 이를 해결하기 위해 이시다와 기무라, 마츠무라 등의 선원이 모두 칼을 들고 바다에 뛰어 들지만, 그물은 좀처럼 잘리지 않는다. 결국, 가장 나이가 어린 히로시가 어른들의 저지에도 불구하고 바다에 뛰어들고, 이윽고 그물은 잘려 배는 다시 움직이기 시작한다. 하지만, 바다에 뛰어든 히로시가 나오지를 않자, 기무라가 뛰어들어 가까스로 히로시를 구출해 온다. 그 순간, 기무라가 탄 어선은 한국 경비정에 나포, 어선으로 뛰어들어온 경비병은 배의 롤링으로 균형을 잡지 못하고, 이를 틈타 이시다는 경비병으로부터 총을 빼앗아 경비병뿐 아니라 기무라에게도 총구를 겨눈다. 뒤늦게 출발한 일본의 순시선은 가까스로 선원들을 구출하는 데 성공하지만, 기무라는 한국 경비정이 쏜 유탄에 맞아 홀로 히노마루에 남게 된다. 한국 경비정에 나포되어 끌려가는 히노마루를 지켜보는 선원들은 모두 입을 모아 기무라를 한국의 '스파이'라고 욕을 하고, 한국 경비병들에게는 '반쪽바리'라고 린치를 당하며 죽어간다.

작품 해설

SCENE 1 '라인 밖'과 은폐되는 일본의 열등감

영화의 첫 장면은 고토어로장이 이끄는 제1히노마루와 제2히노마루가 이승만라인 근처에서 조업 도중에 한국 경비정에 쫓기는 장면부터 시작된다. 하지만 주목할 점은 영화에서는 처음부터 끝까지 한국 경비정을 '괴선'('괴선과의 거리 500미터, 사정없이 쏴댄다')으로 표기하고 있고, '라인을 넘지 않았는데 누가 감히 이런 짓을 저지르는지', '조심을 해도 라인 밖에서 당해버리니'라고 '라인 밖'이 강조되고 있다. 당시 이승만라인에 대한 일본의 입장은 '공해자유의 원칙'이라는 국제법을 기준으로 한국의 일방적인 이승만라인 설정을 비난했다. 하지만 가토 하루코는 이러한 일본의 비난에 숨겨진 기만성을 다음과 같이 지적하고 있다.

> 일본은 한국에 대해서 연합국에게는 사실상 주장하지 않았던 '공해자유의 원칙'을 내세웠던 것이다. (중략)이 견해는 공해자유를 원칙으로 하면서도 어족보호 상의 규제는 양국이 대등하게 가질 수 있다는 것으로 이것은 일관된 일본의 주장이지만, 이중적인 의미에서 기만적이다. 첫째, 일본은 연합국에 대해서 공해자유의 원칙은 더 이상 통용되지 않는다는 사실을 이미 인정하고 있다. 둘째, 그 이유는 어족보호도 그렇지만 그것 이상으로 연합국의 연안어업을 보호한다는 주장을 받아들이지 않을 수 없었기 때문이다. 따라서 한국에 대한 이러한 견해는 연합국에 대해서는 인정한 '공해자유의 원칙'을 구실로 삼아 연안국의 이익옹호를 자원유지를 위한 '생물학적 조사에 근거한 대등한 규제'로 바꿔치기 하는 이중적인 기만을 행한 것이다.(가토 하루코(1978)「전후 일한 관계사에 대한 일고찰

(下)—李라인문제를 둘러싸고—」『일본여자대학기요』 29호)

가토가 말하는 '연합국'이란 물론 미국을 가리키는 것이고, 당시 한국의 이승만라인 설정은 미국의 해양주권선언을 모방한 것이었다. 미국은 1945년 9월 28일에 대통령 선언을 통해 대륙붕의 주권을 주장했고, 접속수역에서도 그 관할권이 있다고 선언했다. 이 트루먼 선언에 따라 중남미의 많은 나라들은 속속히 대륙붕의 영유를 주장했고, 1953년을 기준으로 영해 3해리 이상의 관할권을 주장한 나라는 38개국에 달했다. 즉 '공해자유의 원칙'은 국제법상의 관습에 지나지 않았고, 따라서 이승만라인에 대해서 '공해자유의 원칙'을 기준으로 한국의 부당성·불법성을 비난하는 일본의 주장은 강대국과 약소국에 따라 입장을 달리하는 일본의 기만성을 은폐한다고 볼 수 있다.

영화 속에서 '라인 밖'에서의 불법적인 나포가 강조되는 것은 영해 범위가 확장되는 동시대의 세계적 흐름에 대한 논쟁의 여지를 사전에 차단함과 동시에, 미국을 비롯한 강대국에 대해서는 '공해자유의 원칙'을 주장하지 못하는 일본의 외교적 불평등·열등감을 은폐하고 있다고 해석할 수 있다. 즉, 동 영화는 이승만라인을 둘러싼 한미일 간의 문제를 한일문제로 축소시키고 있는 것이다.

SCENE 2 미결된 한국송환사업

영화 속에서는 재일조선인 '김옥순'을 통해 북한뿐만 아니라 한국으로의 귀국에 대해서, "북한의 보도가 맞다면 다들 돌아가려고 할 거야. 근데 모르니까. 그럼 남쪽으로 갈래 라고 한들 모르니까 불안하고, 어느 쪽도 다 불안해"라고 말하며 한국으로 돌아갈 수 없는 '불안'을 단순히 한국 정세의 탓으로 돌리고 있다. 주의할 점은 현재, 일반적으로는 잘 알려져 있지 않지만, 한국으로의 귀국을 희망하는 재일조선인에 대해서 일본 정부는 가능한 한 좋은 조건을 부여할 것을 약속하고, 당시 한일회담 본 회의 아래 설치된 '재일한인 법적지위위원회'에서 구체적으로 협의하고 있었다. 물론, 당시 초당파적으로 북한송환사업을 지지했던 만큼, 일본 정부 역시 한국만을 편애하는 요구에는 응하지 않겠다고 말하고 있지만, 동시대의 한국송환사업과 관련된 외교문서를 보면 사정은 많이 다름을 알 수 있다. 아래 외교문서는 당시 다울링 대사가 김동조 외무부차관에게 보낸 북한송환문제에 관한 의견서이다.

> 한국정부가 송환을 막을 수 없을 것임. (중략)만일 한국정부와 민단이 계속해서 반대한다면 결국 재일한인 대부분은 한국으로 귀환하는 것을 반대하게 될 것임. 따라서 한일회담을 재개하고 재일한인이 한국으로 송환될 수 있도록 지체없이 협정을 맺는 것이 유일한 해결책이 될 것임. 이러한 상황에서 다울링은 다음과 같이 권고함. 미국정부는 일본 정부에 재일한인들의 보상(일괄지불 방식으로)문제를 근간으로 하는 송환문제에 대해서 즉시 한국 정부와 협정을 맺도록 요청할 것임.(국민대학교일본학연구소「재일한인의 북한 송환을 가능하다면 막아보도록 하고, 아니면 최소화하는 문제(작성일-1959년7월17일)」『평화선·북송·6차회담』동북아역사재단, 2008년)

당시의 일본 미디어는 한국으로의 송환사업은 마치 북한송환사업을 저지하기 위한 한국의 비인도적인 조치라고 전하고 있지만, 실은 한국송환사업은 미국 측의 제안으로 이루어진 것이었으며, 한국이 자유의사에 따른 재일한인 송환을 받아들일 경우, 미국은 재일조선인의 전후 보상 문제와 한국 정착금에 대해서 재정도움을 줄 것을 약속함으로서 이루어 진 것이다. 물론 이러한 협상은 주한미대사관 1등서기관 래나드(Ranard)가 '이번 기회가 부산에 억류되어 있는 일본 어부를 석방할 수 있는 마지막 기회임을 강조함. 또한 한국 정부가 이번 기회를 놓친다면 국제적 입지가 좁아져 일본 측이 평화수역문제를 유엔 안건에 회부할 경우 불리한 입장이 될 수 있다고 지적함'(국민대학교일본학연구소(2008)「주한미대사관 1등서기관 래나드와의 회합 보고 요지(작성일-1959년12월10일)」『평화선 · 북송 · 6차회담』 동북아역사재단)이라고 말하고 있듯이, 한국 측은 북송반대와 이승만라인의 국제적 승인을 이끌어 내는 데 목적이 있었고, 일본 측은 부산에 억류 중인 일본인 선원들의 석방을 전제로 이루어졌다.

하지만 미국의 중재로 타협점을 찾아가는 것처럼 보였던 한국송환사업은 1959년 12월 14일에 북한으로 첫 송환선이 출항하자, 일본의 총보상액의 일시금 지불을 위해 자금 대출을 해 주겠다고 약속했던 미국 측은 '미국은 일본 측 확약을 받아내는 데 중재자 역할만 할 뿐이지 보상액을 대출해 줄 의사는 없다'라고 갑자기 태도를 바꾼다. 이에 대해 일본 측은 이 모든 책임은 미국에 있다고 말하며, 보상 문제에 대해서 한국이 미국과 협상해 볼 것을 제안하지만, 한국 측은 보상을 하는 것은 일본이기에 한국이 미국에 협조를 요청하는 것은 부적절하다고 거절한다.

이후, 미국 측의 제안으로 시작되어 미국 스스로의 약속 불이행으로 무산된 한국송환사업은 일본 측으로부터 '3만 톤의 한국 쌀 수입을 확정짓기에 앞서 상호 억류자들의 송환을 실행하자는 일본 측 제안을 받아들이고 1960년 3월 1일자로 억류자들의 송환을 이행하는 계획의 승인을 요청하는 공안'이란 외교문서에서 알 수 있듯이, 일본 측은 한국송환사업을 위한 차선의 방안을 모색하는 것조차 포기하고 한국 쌀 3만 톤을 수입하는 조건으로 부산에 억류되어 있는 일본인 선원을 송환하는 것에 성공한다.

위와 같은 동시대의 한국송환사업을 둘러싼 한미일 간의 정치적 교섭을 경유해 보면, 동 영화에서 한국으로의 귀국이 단순히 한국 정세의 '불안'으로 설명되는 설정은 '괴선'과 '라인 밖'에서의 '해적과 같은' 나포와 희석되면서, 내면을 알 수 없는 한국이라는 이미지를 클로즈업시키고, 결과적으로 '피해자'이기에 정의로운 일본인의 내셔널리즘을 보강하게 된다고 할 수 있다.

SCENE 3 커밍아웃과 비대칭적 발화 포지션

시나리오를 담당한 미즈키 요코는 주인공의 캐릭터 설정을 위해서 한국과 북한을 지지하는 사람들과도 많은 이야기를 나누었고, 어느 한 쪽으로 치우치지 않도록 노력했다고 말한다. 그렇게 생각하면, 한 가지 의문점은 동시대의 이승만라인 문제는 표면적으로는 한일 간의 정치적 문제였고, 따라서 이승만라인을 둘러싼 양국의 어업문제를 정면으로 다루고자 한다면 한국을 지지하는 재일조선인 캐릭터를 설정하는 것이 자연스럽지 않았을까 라는 점이다. 하지만 미즈키 요코는 출생을 숨긴 재일한국인이 커밍아웃하는 스토리를 설정하고, 기무라의 출생의 비밀을 알고 있는 초등학교 동창생 이시다를 등장시켜서 커밍아웃을 강요하고 있다.

인용문을 보면, 미카코에게 흑심을 품고 있는 이시다는 그녀가 기무라의 출생의 비밀을 알게 되면, 그에게서 마음이 떠날 것이라고 판단하고 커밍아웃을 강요한다. 기무라 역시, 미카코가 본인이 조선인이라는 사실을 알게 되면 자기를 떠날 것이라고 두려워하는데, 이시다는 이런 기무라에게 "왜 가슴을 펴고 살지 않는 거야?"라고 비난한다. 이러한 비난에 기무라는 "다리가 아픈 사람이 항상 다리를 신경 쓰는 것과 같아"라고 주장하지만, 이시다는 "다리가 아프니 너?"라고 엉뚱한 대답을 한다. 재일조선인이 커밍아웃을 하지 못하는 이유를 말하는 이 장면에서 왜 이렇게 부자연스러운 대사가 삽입되는 것일까?

일본인 이시다가 말하는 "왜 가슴을 펴고 살지 않는 거야?"라고 하는 말 그 자체는 두 가지 의미에서 폭력성을 내포하고 있다. 첫째는 '가슴을 펴고' 자기의 출생을 말 못하는 것은 오로지 기무라의 성숙치 못한 성격 탓으로 삼는 것이고, 둘째는 왜 기무라가 '가슴을 펴고' 출생을 밝히지 못하는지를 생각하려 하지 않는다는 점(출생을 숨기고 살아가는 재일조선인이 왜 일본에 존재하는지를 생각하려 하지 않는 점)에서 일본인의 식민지주의의 전후문제를 절단·망각하고 있다고 할 수 있다.

또한, 전후 일본에 거주하는 재일조선인은 경제적으로 가난한 사람이 많았고, 그 결과 취업 등의 문제로 자신의 출생을 숨기고 살아가는 사람들이 절대적으로 많았다는 사실을 생각하면, 영화 속에서 이시다에게 커밍아웃을 강요당하자, "들통나면 파멸이다! 너뿐이야, 열쇠를 쥐고 있는 사람은"이라고 공포를 느끼는 기무라의 대사는 리얼리티를 띤다. 그런데 이시다는 그런 기무라에게 "네가 자신 있게 신뢰를 가진다면, 알몸뚱이로 모두의 앞에 설 수 있을 터"라며 '신뢰'를 거론하며 커밍아웃을 정당화시키고 있다. 여기에서도 주의해야 할 점은 '알몸뚱이로 모두 앞에 설 수 있'는 관계성은 서로가 서로를 신뢰할 수 있는 타자로서 인정할 때 성립될 수 있는 관계이다. 하지만 '들통나면 파멸이다'라고 하는 기무라의 대사에서 알 수 있듯이, 기무라와 이시다 사이에는 이러한 관계가 성립되지 않았음을 방증하고 있다. 따라서 이러한 관계 속에서 이시다가 말하는 '신뢰'는 기무라가 왜 일본인을 신뢰할 수 없는지, 그 역사적 배경을 생각하려고 하지 않는 점에서 폭력성을 내포하고 있고, 또한 비대칭적인 포지션에서 발화되는 '신뢰'의 권력성을 스스로 은폐시키고 있다고 할 수 있다.

그리고 이러한 폭력성과 권력성을 은폐하는 '신뢰'라는 말은 "출항 전, 위험이 도사리는 바다 앞에서 모두가 마음을 하나로 해서 출발하려고 할 때, 너 같은 쓰레기 같은 근성이 섞여 있으면 무사히 조업을 끝낼 수 있을 거라 생각해?"라고 하는 이시다의 대사에서 알 수 있듯이, 이승만라인 문제로 슬라이드되고 있다. 이러한 슬라이드를 가능케 한 이유를 생각할 때, 기무라에게 커밍아웃을 강요하는 이시다가 "옛날이라면 어쩔 수 없었지만"라고 하는 대사가 힌트가 된다. 왜 이시다는 "옛날이라면 어쩔 수 없었지만" 지금이라면 커밍아웃이 가능하다고 판단하는 것일까?

북한송환사업은 1959년 2월에 정부의 승인을 받아 1959년 12월 14일부터 1984년까지 수차례의 중단을 반복하면서 9만 3340명(약 1800명의 일본인 아내도 포함)이나 되는 재일조선인이 '신국가건설'이라는 슬로건 하에 일본을 떠나 차별 없는 북한으로 향했다. 동 영화의 시나리오 현장 조사는 1959년 중반부터라는 점을 고려할 때, "옛날이라면 어쩔 수 없었지만" 지금이라면 커밍아웃이 가능하지 않느냐 라고 하는 이시다의 판단은 동시대의 이러한 정세의 변화와 연동되어 있다고 볼 수 있다.

SCENE 4 교착하는 휴머니즘과 내셔널리즘

이시다와 커밍아웃에 대해서 말다툼을 한 다음 날, 기무라는 어로장에게 "저의 부모님은 일본인이 아닙니다!"라고 자신의 출생을 밝힌다. 하지만 어로장은 기무라의 어머니(鄭永福)에게서 온 편지로 이미 그 사실을 알고 있었다며 어머니의 편지를 건네 준다. 인용문 속 편지는 이승만라인 부근에서 조업을 하다가 한국 경비정에 나포되었다는 어로장의 장남 소식을 신문기사를 통해 알게 된 기무라의 어머니가 어로장에게 보낸 것이다. 어로장의 아들이 나포된 사건에 대해서 재일조선인 기무라 및 어머니가 왜 '진심으로 사죄'를 해야 하는지도 의문이지만, 무엇보다도 이야기가 전도되어 있는 것은 그로 인해 "일본을 떠나 북으로 돌아가려고 합니다"라고 하는 점이다. 이승만라인 문제와 북한송환사업은 기본적으로 동질의 문제로 처리할 수 없는 사항이고, 따라서 이러한 설정은 앞서 지적한 바와 같이 재일조선인이 왜 일본에 거주하고 있는지에 대한 역사적 인식의 무자각에서 비롯된 것 일 뿐 아니라, 전후 일본인의 식민지주의의 책임을 망각시키고 있다. 하지만 이러한 설정은 동시대의 다음과 같은 언설을 보면 단순히 동 영화의 제작진에 국한된 것은 아니었음을 알 수 있다.

> 사사키 의원「일본인의 생명과 재산이 한국 측의 해적과 같은 행위에 의해서 부당하게 유린되고 있습니다. 또는 다케시마라고 하는 일본의 영토

> 의 일각이 불법적으로 침략당하고 있다.(중략)균이 경제적 보복조치라고 할까, 적어도 대항조치는 당연히 취할 권리를 우리들은 가지고 있는 것입니다. 이러한 관점에서 생각할 때, 현재 일본에 있는 한국인은 모두 60만입니다. 일본은 지금 식량난입니다. 오늘날 이 60만 조선인, 한국인에게 생활보호 혜택을 주고 있다. 없는 식량을 쪼개어 제공하고 있는 것입니다. 더구나 일이 있을 때마다 소란 피우기를 즐기는 불량 한국인이 있는 것도 주지하는 바입니다. (중략)대항조치로써 일본에 있는 한국인에 대해서 강제송환, 또는 이것에 대한 어떠한 대항조치를 당연히 지금의 단계에 있어서는 생각해야 한다, 그리고 시행할 단계가 아니냐, 또는 이것이 9천만 국민의 진실된 목소리일 것이다라고 저는 이렇게 생각하고 있습니다만, 이런 점에 대해서 외무대신은 어떠한 생각을 가지고 계시는지요?」
> 오카자키 외무대신「그러한 점도 물론 고려 대상에 넣고 생각하고 있습니다.」(인용, 정대균(1995)『한국의 이미지』 중공신서)

이승만라인의 부당성과 불법성을 재일조선인 문제와 혼동하고, 이승만라인에 대한 보복조치로 재일조선인을 '강제송환'시키자는 위의 자유당의원 사사키 모리오(佐々木盛雄)의 발언은 동시대의 초당파적인 일반적인 인식이었다는 점을 고려할 때, 영화 속에서 이승만라인 문제로 일본인에게 사과를 하고 북한으로의 귀국을 결심하는 장면은 단순히 동 영화만의 픽션이라기보다는, 동시대의 일본인의 인식이 무의식적으로 형상화된 결과라고 할 수 있다.

전후 일본의 식민지주의의 책임을 망각하고 이승만라인 문제의 책임을 재일조선인에게 떠맡기는 이시다의 '신뢰'로 인해 커밍아웃을 강요당한 기무라는, 어머니의 말처럼 신세를 진 고토어로장에게 자신의 출생을 밝히고 어머니가 있는 히로시마로 돌아가기로 결심한다. 하지만 고토어로장이 "어, 그리고 모두들, 히데의 본명이 박이라는 이름이니까, (중략)이 배를 타면 모두가 거북해 할 거라고 해서 상관없다고 말해뒀어. 모두들 사이좋게 지내 줘!"라고 중재를 해 주고, 그 말을 들은 선원들의 표정에 의외로 '악의에 찬 웃음이 보이지 않'은 것을 확인한 후, 기무라는 귀국을 변경하게 된다.

그러나 앞서 설명한 바와 같이, 기무라가 탄 히노마루가 한국 경비정에 나포되는 사건이 발생하고, 체포 도중 한국 경비병이 한국에서는 "라디오를 통해 일본의 유행가나 창가(浪花節) 등을 듣고 있다"라고 하는 말에 기무라는 '히죽 웃는다'. 하지만 이 '히죽'을 오해한 일본 선원들은 "배신할 건 알고 있었어", "역시 본색을 드러냈군. 태생은 태생이지"라고 '스파이' 취급을 하고, 한국 경비병으로부터는 '반쪽바리' 라고 모욕을 당하며 총탄에 맞아 죽게 된다.

고토어로장의 호의와 중재, 그리고 동료 선원들의 동의와 기무라의 죽음을 그린 이 후반부는 재일조선인에 대한 역사적 인식이 부족한 채, '일본인 내셔널리즘 대 조선 출생 청년의 내셔널리즘'으로 단순화하는 '휴머니즘'적 영상 처리이며, 이것은 오히려 일본인의 내셔널리즘을 보강하게 된다고 비판을 받기도 한다(사사키 기이치 「내셔널리즘의 한계」 『기네마순보』 1961년 3월, 하순호). 하지만, 시나리오를 담당한 미즈키 요코는 '선장이 한국인을 "함께 태워주면 어떻겠는가"라고 묻는다. 그러자 선원들도 "그렇다, 그렇다"라고 의외로 따뜻한 마음으로 동의를 한다. 그러나 이 휴머니즘이 오히려 조선인 청년을 죽게 하는 결과가 되었다는 것. 이것이 하나의 테마입니다'(「시나리오조사」 『시나리오』 1961년 7월호)라고 말하고 있듯이, '국가'와 '정치'보다는 오히려 '개인'에 방점을 두고 해석하면, 동 영화에 대한 비판은 오히려 '휴머니즘'의 폭력성을 다룬 영화로서 긍정적으로 재해석이 가능하다.

2부

재일조선인 범죄 · 역사 서사

4. 김희로 사건① 츠츠이 야스타카 『신킨타로』

본장의 요점

김희로 사건이란 1968년 2월 20일에 재일조선인 김희로가 어음 관련 빚 독촉 문제로 시즈오카현(静岡県) 시미즈시(清水市)의 나이트클럽에서 조직폭력배 2명을 엽총으로 사살하고, 이후에 스마타쿄(寸又峡) 온천 마을의 후지미야(ふじみ屋) 여관에서 경영자와 숙박자를 포함한 13명을 인질로 잡고 88시간 동안 경찰과 대치한 사건이다. 특히, 당시 김희로는 신문 기자들과 약 20차례의 기자회견을 반복적으로 전개하면서, 사살한 조직폭력배의 악행을 공표할 것과 고이즈미 이사무(小泉勇) 형사의 재일조선인 멸시발언에 대해서 텔레비전을 통해서 사죄할 것을 요구하는 등, 김희로가 생중계되는 동시대의 텔레비전을 교묘하게 이용했다는 점에서 극장형 범죄라고도 불린 사건이다.

또한 작가, 대학교수, 평론가, 변호사로 구성된 이른바 '문화인' 그룹이 동 사건을 단순 형사사건이 아닌 일본인의 민족차별이 원인이 되어 발생한 사건으로 인식하고, 성명문 및 설득을 위해 사건현장까지 찾아가 이슈가 되기도 했다. 그리고 체포 후, 김희로는 8년간의 법정투쟁 끝에 1975년에 무기징역이 확정되고, 1999년에는 다시는 일본에 입국하지 않는다는 조건으로 70살에 가석방(귀국 후, 생부의 성을 따라 '권'으로 변경), 이른바 강제송환의 형태로 한국으로 귀국하게 된다. 이후, 김희로는 2010년 3월 26일, 지병인 전립선암이 악화되어 부산 동래의 봉생병원에서 사망하게 되고(빈소는 동 병원의 장례식장 2호), 유골은 "선친의 고향인 부산 영도 앞바다에 뿌려 주고, 반은 시즈오카현의 어머니 묘에 묻어 달라"는 본인의 유언에 따라 처리된다.

본장에서는 SF 작가 츠츠이 야스타카(筒井康隆)의 초기 패러디 소설 『신킨타로(晋金太郎)』(『추리계』 1969년 1월호)를 중심으로, 패러디라고 하는 문학적 기법을 이용해서 도출시키려 했던 문제에 주목한다. 또한, 한국과 일본의 김희로 사건을 보도하는 미디어 양상과 우호적인 입장에서 재판을 도왔던 〈김희로공판대책위원회〉의 방침 등과를 비교·분석하면서, 최종적으로는 한국인의 포지션에서 김희로 사건을 사유하는 의미에 대해서 고찰을 시도한다.

작가 소개

츠츠이 야스타카(筒井康隆, 1934~)

츠츠이 야스타카는 1934년에 오사카에서 4형제 중 장남으로 태어나, 아버지의 영향으로 어린 시절부터 독서를 좋아했는데(에도가와 란포를 탐독), 초등학교 때 받은 IQ검사에서 178이라는 결과를 받아, 그를 위한 특별반이 생기기도 했다. 하지만 그는 학업에는 큰 흥미를 갖지 못하고 어릴 적부터 만화나 연극 등에 관심을 쏟았다. 1952년, 교토의 동지사대학(同志社大学) 문학부 심리학과에 입학 후, 동지사소극장이라는 극단에 소속되어 연기를 시작한다. 졸업 후, 전시 장식 등의 업무를 하는 공예사에 입사해서 영업부에서 근무, 또한 샐러리맨극단 〈내일(明日)〉에 입단해서 연극 활동을 계속한다.

1959년 12월, 창간 잡지『SF매거진』을 읽고 충격을 받아, 1960년 6월에 보너스를 전부 투자해서 SF 동인지『NULL』을 창간한다(최초 동인은 아버지와 3명의 동생). 이후,『NULL』은 고마츠 사쿄(小松左京) 등 많은 SF작가를 발굴하는 계기를 제공하게 되는데(1964년 폐간했다가, 1971년부터 재간), 동 잡지에 실린 그의 단편은 에도가와 란포의 눈에 띄게 되었고, 이것이 인연이 되어서 그는 소설가로 데뷔, 1961년 회사를 나와 전업 작가로 활동하기 시작한다.

현재, 소설가 및 극작가, 그리고 배우로 활동중이며, 고마츠 사쿄와 호시 신이치(星新一)와 더불어 일본의 3대 SF 대가로 불린다. 초기에는 난센스적인 SF 작품을 다수 발표했고, 1970년대부터는 메타 픽션 수업을 이용한 전위적인 작품, 이후에는 엔터테인먼트와 순문학의 경계를 뛰어넘는 실험적인 작품을 다수 발표하고 있다. 1993년 자신의 작품이 사후검열당한 것에 반발해 절필을 선언했다가 1997년 다시 작품 활동을 재개, 2008년에는 라이트 노벨을 발표하기도 했다. 한국에서도 히트를 친 애니메이션『시간을 달리는 소녀』(2006년),『파프리카』(2006년) 등의 원작가로도 유명하다.

『신킨타로(晋金太郎)』

SCENE 1

「あんたいったい、マスコミに何を取材させるつもりなんですか」
「もちろん、おれが人を殺したことをだ」
「人を殺した奴は、ゴマンといますよ」
晋は少し考えこんだ。おれは意地悪く追い打ちをかけた。売り込みにきたタレント志望者をいびる、いつもの手である。
「あなたには何か特別なことがありますか。個性がありますか」
晋はおれを睨んだ。「おれに個性がないっていうのか」
「それはいいませんがね。でも商品を売るにもセールス・ポイント、広告にもキャッチ・フレーズが必要です」
「ふん」
晋は不愉快そうに鼻を鳴らした。(中略)
「よし」晋は台所へ行こうとし、途中から引き返してきて叫んだ。「あった。セールス・ポイントがあったぞ。つまりだ。おれが警察すなわち国家権力そのものに反抗しようとしているってこと、これがセールス・ポイントだ」
彼は興奮していた。

「당신은 도대체 매스컴을 통해서 무엇을 말하고 싶은 겁니까?」
「물론, 내가 사람을 죽인 사실에 대해서지」
「사람을 죽인 놈들이라면 얼마든지 있습니다」
신은 잠깐 생각에 잠겼다. 나는 또 다시 짓궂게 몰아세웠다. 자기 PR을 위해 찾아온 탤런트 지망생을 괴롭히는 상투적인 수법이다.
「당신에게는 무언가 특별한 것이 있습니까? 개성이 있습니까?」
신은 나를 노려봤다. 「나에게 개성이 없다는 건가?」
「그렇다고는 말할 수 없습니다만. 하지만 물건을 팔 때에도 세일즈 포인트, 광고에도 캐치프레이즈가 필요합니다」
「흥」 신은 불쾌한 듯 콧소리를 냈다.(중략)
「그래」 신은 부엌 쪽으로 가려다가 다시 돌아와 외쳤다. 「있다구. 세일즈 포인트가 있단 말이지. 결국 말이야, 내가 경찰 즉 국가권력 그 자체에 반항하려고 했다는 것, 이것이 세일즈 포인트란 말이지」 그는 흥분하고 있었다.

SCENE 2

消えるのはいやだ消えたくない、(中略)眼を血走らせて立ちあがり、じっと茶子を凝視しはじめた。
茶子はおどろいて、気味悪そうに台所の方へあと退った。
晋は腕をあげ、茶子を指していった。「おれは、この女と結婚する」
家の中が、急にしんと静まり返った。茶子は蒼くなった。
「今すぐ、おれはこの女と結婚する」と、晋はいった。「殺人鬼と人質の結婚だ。ニュースになる」(中略)
茶子は窓ぎわで身をすくめ、悲鳴をあげた。おれはうしろから晋を抱きとめようとした。晋はおれの手を振りはらおうともがきながら叫んだ。「癲癇なんぞ恐るべき」おれの手を振りはらった。「茶子さん。君が好きだ。ずっと前から、あんたをほんとは愛してた」茶子に抱きついた。「君を愛してる。離さない。君だけを。君だけを。君だけ……。君……。き、き、き、きき」
「そら発作だ」おれはあわてて、泡を吹きはじめた晋を茶子から引きはなした。

사라지는 것은 싫어, 사라지고 싶지 않다구. (중략)눈에 핏발을 세우고는 일어나 차코를 뚫어지게 응시하기 시작했다. 차코는 놀라서 기분 나쁜 듯 부엌 쪽으로 뒷걸음쳤다. 신은 팔을 올려 차코를 가리키며 말했다. 「나는 이 여자와 결혼한다」
순간, 집안에 정적이 흘렀다. 차코는 창백해졌다.
「지금 바로 나는 이 여자와 결혼할 거야」라고 신은 말했다. 「살인귀와 인질의 결혼이다. 뉴스가 될 거야」(중략)
차코는 창문 쪽에서 몸을 웅크리고 앉아 비명을 질렀다. 나는 뒤에서 신을 껴안아서 저지하려 했다. 신은 나의 손을 뿌리치려고 발버둥치면서 소리쳤다. 「간질은 두려워해야 할 존재」 나의 손을 뿌리쳤다.

「차코 씨, 난 당신이 좋아. 솔직히 오래 전부터 당신을 사랑했어」 차코를 껴안았다. 「당신을 사랑해. 놓지 않겠어. 당신만을. 당신만을. 당신만...... 당신...... 당, 당, 당, 당당」
「이런, 발작이다」 나는 서둘러 거품을 물기 시작한 신을 차코에게서 떼어냈다.

SCENE 3

「ちがいます」晋はきっとなっておれを睨みつけた。「ちがう。わたしは不幸だ。有名になったことが一度もない人間の方が、ずっと幸福です」
「どうしてだ」(中略)
「ねえ旦那」静かに喋り出した。完全に、気ちがいの眼つきになっていた。「有名人であった時の思い出ってもんは、甘いもんです。切ないもんです。それを知ってるってこと、そして、それをときどき思い出すってこと、それがどんなにつらいことか……つ……つ……つらいことか」号泣した。「病気みたいなもんです。熱病みたいなもんです。わたしゃそいつを、死ぬまでかかえこんでいなきゃいけないんだあ」わあああ泣いた。「自分を使い古された、からっぽのズダ袋と思わなきゃならねえ。こんなつらいことが他にあるもんですか。ひとりの人間が、まだまだ寿命のあるひとりの人間がですよ、どうして自分にそんなことを言い聞かせて納得させなきゃいけねえんです。こんな馬鹿なことが、この世にあっていいもんでしょうか。死ぬ苦しみだ。いや。死ぬよりつらい。地獄です地獄です。神もほとけもないものか。わたしゃもう、死んだ方がましだ。あの時死んでりゃよかったんだ」
「じゃあ死ね。そんなに死にたけりゃ、今すぐ死ね」おれは晋の勝手さに腹を立てて叫んだ。「そこで死ね」

「그렇지 않습니다」 신은 정색을 하고 나를 노려봤다. 「그렇지 않아. 난 불행하다구. 유명했던 적이 한 번도 없는 사람이 오히려 훨씬 행복합니다」

「어째서?」(중략)

「저기 주인님」 조용히 말을 이어갔다. 완전히 미친 사람의 눈이 되어 있었다. 「유명인이었을 때의 추억이라고 하는 것은 달콤합니다. 애절합니다. 그것을 알고 있다는 것, 그리고 그것을 가끔 떠올린다는 것, 그것이 얼마나 괴로운 것인지... 괴... 괴... 괴로운 것인지」 울부짖었다. 「자신을 낡고 닳은 텅 빈 자루라고 생각할 수밖에 없다. 이런 괴로운 일이 또 어디 있습니까? 한 사람의 인간이 아직 목숨 줄이 붙어 있는 인간이 말입니다. 도대체 왜 스스로에게 그런 것을 타일러 납득시키지 않으면 안 됩니까? 이런 바보 같은 일이 이 세상에 존재한다는 게 말이 됩니까? 죽을 것 같이 괴롭습니다. 죽는 것보다 괴롭다. 지옥입니다 지옥. 신도 부처님도 없단 말인가. 저는 이제 차라리 죽는 게 낫다. 그 때 죽는 게 나았어」

「그럼 죽어. 그렇게 죽고 싶으면, 지금 바로 죽어」 나는 신의 제멋대로에 화가 나 소리쳤다. 「거기서 죽어」

줄거리

악독한 3명의 고리대금업자를 사살한 신킨타로는 '여섯 개의 방송국, 네 개의 신문사가 밀집한 중심부'에 위치한 방송국 디렉터인 '나'의 집에 엽총과 대량의 다이너마이트를 소지하고 침입한다. 이후, 3명의

인질, 즉 때마침 오사카에서 상경한 어머니(桜井まき)와 결혼을 약속한 약혼녀(白川茶子)를 인질로 농성을 벌이면서, "우리들 가난한 사람들을 끊임없이 괴롭혔던 악독한 고리대금업자" 3명의 악행을 텔레비전을 통해서 공표해 줄 것을 요구한다. 또한, 신킨타로는 인질극을 벌이게 된 결정적인 이유에 대해서, "나는 지금까지 몇 번이나 난폭한 경찰과 형사로부터 부당하게 학대를 받고 모욕을 당해왔다. 더 이상 참을 수 없다. 나를 죽으라고 괴롭힌 경찰이 있다. 다카시마라는 경찰이다. 그 녀석을 찾아내서 텔레비전 앞에서 사과시켜 달라"라고 경찰과 형사로부터의 부당한 '학대'와 '모욕'을 이유로 들고 있다.

이후, 고리대금업자의 악행에 대한 공표와 경찰의 사죄를 요구하며 인질극을 벌이는 신킨타로를 설득하기 위해서, 작가와 변호사, 그리고 법학박사 등으로 구성된 '문화인 단체'가 방문하게 되고, "학대받은 하층계급의 전사, 국가권력에 굴하지 않는 영웅(중략) 오늘 낮, 당신이 나오는 텔레비전 방송을 봤습니다. 그리고 여기에 있는 우리들 전원, 모두 깊은 감명을 받았다는 것을 먼저 보고드립니다"라고 신킨타로를 설득한다. 실제 사건 역시 문화인 그룹이 찾아와서 김희로 사건을 조선인의 민족 문제로 인식하고 도와줄 것을 약속하는데, 소설 속에서는 이와 같은 민족적인 문제가 '학대받은 하층계급'이라는 계급적인 문제로 수정되어 있다. 물론 조선인의 민족 문제라고 하는 부분이 삭제되고 민족 문제가 계급 문제로 수정되었다고는 하지만, 엽총과 다이너마이트, 그리고 인질극, 고리대금업자, 경찰의 텔레비전을 통한 사죄, 문화인의 설득 등의 단어와 설정, 그리고 소설의 전개 과정을 확인하는 것만으로도 김희로 사건의 패러디라는 것은 쉽게 확인할 수 있다(여기까지가 1장에서 3장까지의 내용).

그런데 동 패러디 소설의 흥미로운 점은 주인공 신킨타로는 실제 김희로 사건처럼 체포되지 않고, 사건 발생으로부터 '2개월'(4장)과 '1년'(5장) 뒤의 모습이 유머러스하게 그려지고 있다는 점이다. 특히, 4장에서는 신킨타로는 어느새 유명작가가 되어 있고, 디렉터인 '나'의 집을 사무실로 쓰고 있다(약혼녀 차코는 비서, 어머니는 매니저). 그런데 신킨타로가 쓴 소설이 표절 의혹으로 문제가 되자, 그전까지 호의적이었던 매스컴과 '문화인 단체'는 일제히 비난하며 등을 돌린다. 그리고 마지막 5장에서는 표절사건 이후, '파멸된 유명인'과 같이 생활하면서 '컴백'을 꿈꾸는 모습이 그려지는데, 결국에는 '정신적인 공백상태'에 따른 정신착란을 이유로 '나'는 신킨타로의 입원을 결심한다. 그런데 마침 그 때, 타 방송국으로부터『과거의 유명인은 지금 어디까지 추락했고, 얼마나 정신이 이상해졌는가?』라는 프로그램의 취재 의뢰를 받으면서 소설은 끝이 난다.

작품 해설

SCENE 1 착종하는 한국의 김희로 사건 보도

신킨타로가 최초 단순 살인사건으로 다루려고 했던 본인의 의도와는 무관하게, 방송국 디렉터 '나'를 통해서 '국가권력 그 자체에 대한 반항'이라는 명분(사건의 아이덴티티)을 획득해 가는 과정, 즉 몰개성적인 '탤런트 지망생'에게 '세일즈 포인트'를 발굴해서 스타로 만들어가는 과정처럼, 신킨타로는 디렉터인 '나'를 통해서 단순 범죄를 공적 범죄로 변용시켜 간다. 이와 같은 개성 발굴 과정은 현재의 수많은 오디

션 프로그램에서도 확인할 수 있다는 점에서 다름 아닌 '탤런트 인생의 축소판'이라고 할 수 있는데, 주의해야 할 점은 동시대의 독자는 의식적·무의식적으로 김희로 사건과의 관계성 속에서 동 패러디 소설을 읽게 되고, 결과적으로 '탤런트 인생의 축소판'이라고 하는 부분에 삭제된 조선인의 민족 문제를 오버랩시키면서 읽게 된다. 그리고 이와 같은 독자의 입장에서 소설을 읽게 되면, 디렉터에 의해서 단순 범죄를 공적 범죄로 변용시켜 나가는 장면은 김희로 사건에 대한 다음과 같은 한일 양국의 사유방식을 전경화시킨다. 즉, 김희로를 「영웅」(긍정적 평가) 또는 단순 「범죄자」(부정적 평가)로 판단하는 기준과 연동된다.

〈김희로 사건 관련 일기〉(츠츠이 야스타카(1991)『腹立半分日記』 문춘문고)

3월 18일(월) — 김희로 사건의 패러디 「진희로(晋喜老)」를 쓰기 시작. 올요미모노(オール讀物)에 건네 볼 생각.

3월 25일(월) — 「진희로」를 집필. 점점 재미있어진다.

3월 28일(목) — 「진희로」, 생각보다 장수가 늘어나 힘이 들어간다.

3월 29일(금) — 「진희로」, 희곡 형식으로 다시 수정. 덕분에 다른 원고를 마감날짜에 맞추기 힘들 것 같다.

4월 1일(월) — 「진희로」 탈고.

4월 3일(수) — (전략)올요미모노의 스즈키씨에게 「진희로」를 넘겨주었다.

4월 5일(금) — 올요미모노의 스즈키 씨와 레온에서 만났다. 「진희로」의 조선인 문제의 부분, 삭제해 달라고 한다.

4월 6일(토) — (전략)문춘(文春)에 수정한 「진희로」를 지참해서 건넴.

注 — 「진희로」는 결국 주인공이 조선인이기 때문에 부적합하다는 이유로 게재 불가. 그후, 「신킨타로(晋金太郎)」라고 주인공을 일본인으로 수정해서 잡지 『추리계』에 게재.

먼저, 일본 미디어의 김희로 사건 보도를 살펴보면, 소설에서의 '세일즈 포인트' 탐색 과정은 '처음에는 살인 사건에 대한 변명과 경찰의 잘못을 비난하는 의견을 반복했던 김은 이윽고 일본민족과 조선민족의 문제를 논하기 시작했다. (중략)원래, 김은 스타 의식이 강한 남자였다'(이토, 가와구치 기자(1968.3.8.)「공포의 88시간」『주간아사히』)라고 하는 단순「범죄자」(부정적 평가)에 힘을 실어 주게 되고, 또한 재판과정에서 동사건을 단순한 형사사건으로 처리하려는 검찰 측 의견에도 힘을 실어 주는 결과가 된다.

다음으로, 주의할 점은 김희로 사건에 대한 한국의 미디어 보도는 처음부터 호의적이지는 않았다는 사실이다. 예를 들면, 조선일보는 조직폭력배를 사살할 당시에는 '민족감정'으로 인한 범죄로 보지 않고 있고, 더욱이 '"전과 6범"인 김은 그의 행위가 어떤 형벌에 해당한다는 것을 알고 그로부터 자기합리화의 길을 찾고 있다'(「差別이 빚은 「恐怖」 김희로 사건」『조선일보』 1968년 2월 24일)라고 보도하고 있듯이, 일본에서의 부정적인 평가의 보도 내용과 일치한다. 이와 같은 보도는 김희로가 체포되고 난 이후에도 '그의 이번 일은 냉철하게 생각해볼 때 私怨에서 출발한 殺人범죄사건이다. 그러나 일이 벌어지고 난 뒤, 시간의 흐름과 함께 全日本이 떠들썩해지자 金嬉老의 마음 속엔 潜在的이었던 民族감정이 発酵하기 시작한 것 같고, 그로부터 비롯된 자기범행의 合理化내지는 妥当性, 나아가서는 小英雄주의의 포로가 된 느낌마저 주고 있는 형편이다'(「日本 속의 韓国人」「조선일보」1968년 2월 25일)라고 전하고 있듯이, 김희로의 범행을「자기합리화」(「세일즈 포인트」의 탐색)로 보는 인식은 단발적인 것이 아니었음을 확인할 수 있다.

하지만 주의할 점은 사건이 종료된 직후, 조선일보의 김희로 보도는 방점의 위치가 이동하기 시작한다는 것이다. 조선일보의 최초 김희로 사건 보도는 일본사회의 차별적인 구조를 지적하면서도, 동 사건과 차별적 구조와를 단락적으로 연결시켜서 보도하지는 않았다. 즉, 한국 신문에서는 이례적으로 그의 범행을 '자기합리화'로 보도했다. 그러나 사건이 종료된 직후, 지금까지의 '자기합리화'를 지적하던 신문보도는 '殺人의 動機가 어떻든 結果的으로 그런 潛在意識이 爆発'(사설「金嬉老事件이 告発한 今日以後의 問題」『조선일보』 1968년 2월 27일)이라는 형태로 방점의 위치가 이동하면서, 결과적으로 이후 〈영웅〉과 〈범죄자〉라고 하는 단순 이분법적인 인식의 틀 속에서 일본인의 '민족차별'만을 강조·고발하는 언설을 재생산하게 된다.

SCENE 2 가공된 민족적 아이덴티티

앞서 설명한 바와 같이, 소설 『신킨타로』에서 신킨타로가 방송국 디렉터를 통해서 마치 '탤런트 지망생'의 '세일즈 포인트' 발굴 과정처럼, 단순 범죄를 공적 범죄로 변용시켜 나가는 장면은 일본의 단순 〈범죄자〉설에 힘을 실어주게 되고, 또한 김희로를 보도하는 한국의 착종된 미디어 양상을 도출시켜 준다는 측면에서는 의미가 있다. 하지만 동 소설의 흥미로운 부분은 실제 사건처럼 88시간 뒤의 체포를 그리지 않고, SF 작가로서의 상상력을 발휘해서 가상의 '2개월'과 '1년' 뒤의 모습을 그리면서 가공된 아이덴티티의 결말을 추적하고 있다는 점이다.

그렇게 생각하면, 1장에서 3장까지는 매스컴에 의해서 가공된 아이덴티티(디렉터에 의해서 생각해 낸 '세일즈 포인트') 문제를 다루면서, 연이어 제4장에서 세상과의 단절을 초래한 표절문제를 그린 것은 흥미롭다. 왜냐하면, 표절문제란 결국 자기 주체적인 창작이 아닌 타인의 창작물을 도용한다는 점에서, 다름 아닌 가공된 아이덴티티의 알레고리로 충분히 해석이 가능하기 때문이다. 예를 들면, 몇몇 주간지에 발표한 신킨타로의 글이 호평을 받게 되고(덕분에 '글을 잘 쓰는 살인귀'라는 캐치프레이즈를 획득), 결국 자전소설『라이플 일대기·범인의 보복』은 베스트셀러가 되는데, 하지만 그의 자전소설은 여러 소설들을 부분적으로 표절한 사실이 밝혀지게 된다. 표절 사실에 대한 해명을 요구하는 출판사 및 기자에게 신킨타로는 "자료 수집을 전부 비서에게 일임하고 있기 때문에 본의 아닌 착오다. 발취한 경우에는 그곳에 언더라인을 쳐두라고 나는 이 남자에게 분명히 일러뒀다. 이 남자는 그 사실을 깜빡했다"라고 변명하는데, 디렉터를 통해서 단순 범죄를 공적 범죄로 변용시키는 신킨타로의 아이덴티티가 그러하듯이, 그의 자전소설 역시 수많은 작품의 표절에 의해서 가공된 것이라는 점에서 구조적 동일성을 확인할 수 있다.

그리고 표절문제로 인한 인기 하락과 문단에서의 추방을 걱정한 신킨타로는 문단 복귀를 위한 인기 만회책으로써, 인용문과 같은 극단적인 행동에 나선다. 표절문제가 그러했듯이, 디렉터의 약혼녀 '차코'를 이용해서 '살인귀와 인질의 결혼'이라는 화제로 문단에 복귀하려는 그의 행동은 타인의 여자를 가공해서 자기 여자로 만들려고 했다는 점에서, 가공된 아이덴티티의 알레고리로 해석할 수 있다. 또한 표절문제가 인기 하락과 문단에서의 추방으로 이어졌듯이, 약혼녀 탈취 사건 역시 '간질'로 인한 발작으로 끝난다는 점에서도 동일 구조를 확인할 수 있다.

특히, '간질'에 주목해 보면, 평소 신킨타로는 "젊은 여자가 옆에 있으면 체질이 변화"하는 신체적 특징을 가지고 있고, 따라서 인질극을 벌이기 시작하면서부터 '차코'가 옆에 오는 것을 극도로 경계했다. 이미 인질극을 벌이는 제2장에서 다이너마이트 옆에서 담배를 피우는 신킨타로를 저지하기 위해서 다가온 '차코' 때문에, '경련'과 '비명'을 지르고 '입에서 거품을 물면서 쓰러'진 경험이 있다. 따라서 그렇게 생각하면, '간질'에 의한 발작을 각오하면서까지 '차코'를 자기 여자로 가공하려는 모습은 비장하기까지 하지만, 그렇기 때문에 더더욱 '간질'이라고 하는 신체적 아이덴티티와 '차코'라고 하는 타인의 신체적 아이덴티티와의 가공 불가능성은 역설적으로 클로즈업된다. 즉, 제4장에서는 디렉터에 의해서 가공된 아이덴티티가 탈각되어 가는 과정을 동일한 구조를 가진 다양한 알레고리를 통해서 보여주고 있음을 알 수 있다.

SCENE 3 고발자와 자기 비판적 사유방식

체포되지 않은 '1년' 뒤의 모습을 그린 제5장에서는 결국 신킨타로는 '파멸된 유명인'으로 전락하면서 '정신적인 공백상태'에 빠지게 되는데, 그럼에도 불구하고 신킨타로는 좀처럼 '컴백'의 꿈을 포기하지 않는다. 그런 신킨타로에게 방송국 디렉터 '나'는 '낡고 닳은 유명인'이 설 자리는 더 이상 없고, "유명해지고 싶다, 그렇게 되고 싶다고 생각하면서 평생 유명해지지 못하고 죽어가는 사람에 비하면, 넌 훨씬 행복한 거야. 배부른 소리 하지마"라고 비난하지만, 디렉터, 즉 매스컴의 논리에 의해서 가공된 아이덴티티로 유명인이 된 신킨타로는 '유명인이었을 때의 추억' 때문에, 가공된 아이덴티티가 탈각된 지금의 자기 자신을 '병', '열병', '지옥'으로밖에 인식하지 못하게 된다. 즉, 타자에 의해서 가공된 아이덴티티가 결과적으로 아이덴티티 자체를 파괴하는 결과로 이어지면서 동 소설은 끝이 난다.

그리고 이와 같은 신킨타로의 절규는 사건 발생 이후, 변호인의 입장에서 〈김희로공판대책위원회〉에 참여하면서 재판을 도왔던 스즈키 미치히코(鈴木道彦)가 '고발자로서의 김희로를 진심으로 변호하는 길'을 선택한 동 대책위원회의 방침에 대한 다음과 같은 자기 비판적 사유와 공명한다.

> 대책위원회는 발족 성명 당시부터 '고발자로서의 김희로를 진심으로 변호하는 길'을 모색하는 방향을 분명히 했다. 사실, 그의 존재와 행위는 마치 거울처럼, 그를 만들어낸 추악한 일본사회를 비춰내고 있고, 이를 고발하고 있었다. 우리들의 일은 그것을 인식하고, 문제의 근원에 있는 것을 밝히는 것에 있었고, 그것은 일찍이 내가 주장했던 민족책임과 전후책임과 연동되는 것이었다. 그러나 나는 제1심이 진행되는 도중에, 경우에 따라서는 그와 같은 주장이 김희로라고 하는 한 사람의 재일조선인을 더더욱 타자에 의해 만들어진 것이 될 가능성이 있다는 것, 달리 말하면 우리들이 단순히 일본의 책임을 강조하는 것만으로는 오히려 재일조선인의 주체 상실에 일조하는 경우가 있다는 것을 깨달았다.(『초월의 때—1960년대와 재일』 슈에사신서, 2007년)

스즈키 미치히코가 말하고 있듯이, '고발자로서의 김희로'를 변호하는 길이 결국에는 재일조선인의 '주체 상실에 일조하는 경우가 있다는 것을 깨달았다'라고 하는 자기 비판적인 사유는 타자에 의해서 가공된 아이덴티티는 결국 자기 파괴로 이어진다는 소설의 마지막 장면을 연상시킨다. 즉, 방송국 디렉터라고 하는 미디어의 논리에 의해서 단순 범죄를 공적 범죄로 변용시킨 결과, 결국에는 자기의 아이덴티티 파괴로 끝이 나는 소설은 〈김희로공판대책위원회〉의 논리, 즉 '고발자로서의 김희로'라고 하는 논리를 통해서 가공된 민족적 아이덴티티가 결국에는 재일조선인의 '주체 상실'로 이어진다는 점에서, 소설과 스즈키 미치히코의 자기 비판적 사유는 동일한 문제점을 부각시키고 있다고 볼 수 있다.

5. 김희로 사건② 김달수와 『김희로공판대책위원회뉴스』

본장의 요점

1968년 2월 20일, 어음 관련 빚 독촉 문제로 시즈오카현(静岡県) 시미즈시(清水市)의 나이트클럽에서 조직폭력배 2명을 엽총으로 사살하고, 이후에 여관 경영자와 숙박자를 인질로 잡고 88시간 동안 경찰과 대치한 이른바 김희로 사건이 발생한다. 당시 사건 현장에는 작가, 대학교수, 평론가, 변호사로 구성된 이른바 〈문화인〉 그룹이 동 사건을 단순 형사사건이 아닌 일본인의 재일조선인에 대한 민족차별이 원인이 되어 발생한 사건으로 인식하고 성명문 발표 및 설득을 위해 사건 현장까지 찾아가기도 해서 이슈화되기도 했는데, 사건 발생 초기 단계부터 특별변호인 자격으로 동 사건의 재판이 종료되는 마지막까지 깊이 참여를 한 재일조선인 작가는 김달수가 유일하다. 김희로 체포 당일, 마이니치신문사 주최 좌담회에서는 동 사건에 커미트먼트한 이른바 〈문화인〉 그룹에 대해서 다음과 같이 분석하고 있다.

> C 그런데 조선인 문제로 학자, 변호사 그룹이 "김희로를 구출하는 모임"이라는 것을 만들어서 화제가 되기도 했는데.
>
> B 그것은 김희로가 교묘하게 짠 작전이 적중한 것이 아닐까. 살인죄를 인권문제로 정당화해서 그것을 유용한다는 것도 법치 국가에서는 말도 안 되는 이야기지.

C 하지만 오쿠이즈미(奧泉)에 있는 수사본부에는 "김희로를 만나게 해 달라""어떻게 해서든 도와주고 싶다"라고 말하는 팬들이 속속들이 모여들었어. 살인죄만 아니면 김희로는 태어나서 지금까지 상당히 고뇌하면서 악의 길로 들어선 것은 아닐까. 악랄한 행위를 고뇌하면서도 일본인의 마음속에 잠재되어 있는 오랜 상처를 푹 찔렀다고 생각하는 사람은 이외로 많았다고 생각하는데.

A 그것은 물론 그렇게도 생각할 수 있지. 하지만 살인을 그러한 테크닉으로 둔갑시키는 것은 절대로 용서할 수 없다고 생각해.(현지기자좌담회(1968.2.25.)「「김」과의 대결 88시간」『마이니치신문』)

위 좌담회에 참석한 기자는 사건 당시 시즈오카현의 현장에 취재를 나간 마이니치신문사의 기자들로 구성되어 있는데, '김희로를 구출하는 모임(金嬉老を助ける会)'을 조직해서 현장 설득 및 성명문 등을 발표하는 〈문화인〉 그룹의 일련의 행동은 결코 주체적이지 못하고, 오히려 김희로의 치밀한 '작전'에 걸려들었다고 분석하고 있다. 즉, 〈문화인〉 그룹은 일본인의 무의식 속에 잠재되어 있는 가해자성에 대한 죄의식을 자극하려고 했던 김희로의 '작전'에 순진하게도 걸려든 것이며, 〈문화인〉 그룹의 이와 같은 활동은 결과적으로 김희로의 단순 '살인죄'를 '인권문제'로 둔갑시키는 이론적 대응 논리를 구축하는 데 일조한 셈이라고 비난하고 있는 것이다.

물론 이와 같은 〈문화인〉 그룹에 대한 부정적인 평가는 마이니치신문에 그치지 않고, 김희로가 체포되기 이전인 1968년 4월 24일의 요미우리신문에서도 〈문화인〉 그룹의 성명문에 대해서 "김희로는 살인범이다. 인질을 몇이나 잡고 있다. 이러한 문제에 대해서는 생각하지 않는가. (중략)도대체 이 사건을 어떻게 생각하고 있는가"라고 비난하는 보도진과 〈문화인〉 그룹과의 대치 상황을 보도하고 있다. 또한 체포 이전까지 〈문화인〉 그룹의 방문에 김희로는 '울었다'"감격해서 울었다'라고 호의적이며 중립적인 자세로 보도했던 아사히신문조차도, 체포 후에 열린 기자좌담회에서는 〈문화인〉 그룹의 논리는 사건이 발생한 "시골 마을에서는 전혀 받아들여지질 못 했다. 후지미야 여관에서 기자회견을 했을 때는 이런 흉악범을 옹호하는가, 죄 없는 사람들에게 피해를 준 것과 당신들의 논리가 어떻게 연결되는가라고 추궁당하며 쩔쩔매는 모습이었다"(「「라이플 남」 사건을 생각하다」『아사히신문』 1968년 2월 25일)라고 〈문화인〉 그룹에 대한 부정적인 평가를 전하고 있다.

본장에서는 사건 발생 초기 단계부터 〈문화인〉 그룹에 참여하면서 현장까지 설득을 위해서 찾아가기도 하고 또한 재판 과정에서는 특별변호인 자격으로 동 사건의 재판이 종료되는 마지막까지 깊이 커미트먼트한 재일조선인 작가 김달수를 중심으로, 김희로공판대책위원회의 역할 및 문제점, 그리고 김희로 사건을 둘러싼 재일조선인의 자기 서사와 일본인의 타자 서사에 대해서 살펴보도록 한다.

작가 소개

김달수(金達寿, 1919~1997)

김달수는 1919년에 경상남도 마산에서 출생, 10살 때 어머니를 찾아 도일한다. 이후, 고물상을 시작으로 다양한 일을 하면서 가나가와현(神奈川県) 요코스카(横須賀)에 정주하게 된다. 이 사이, 야간학교와 통신교육을 통해서 학교에 다녔고, 1939년에 처남 명의의 졸업증명서로 일본대학 예술학과에 입학, 이후 소설 습작 및 평론을 발표하기 시작한다. 졸업 후, 가나가와신문사를 거쳐 경성일본사에 입사하지만, 1년 남짓 근무하고 퇴사, 또 다시 일본으로 돌아와 해방을 맞이한다.

해방 후, 재일조선인연맹 결성에 참가, 1946년에 『민주조선』을 창간한다(일제강점기 조선 민족의 고뇌와 저항을 그린 데뷔작 『후예의 거리』는 동 잡지에 게재). 1949년에는 일본공산당에 입당하지만, 얼마 지나지 않아 당내 투쟁의 소용돌이에 휘말리게 된다. 이후, 재일조선인의 차별문제를 주제로 한 『족보』(48년), 『반란군』(49년), 『현해탄』(52년), 『박달의 재판』(58년), 『태백산맥』(64년 연재 시작) 등의 작품을 발표하면서 일본 문단과 사회에 큰 반향을 일으켰다. 1968년부터는 김희로 사건의 특별변호인으로 활동을 시작, 1974년에는 『계간 삼천리』 창간에 참가한다. 특히, 1970년 전후해서 일본 각지에 널리 남아 있는 조선문화 유적지를 발굴·확인해 이를 집대성한 『일본 속의 조선문화』(전12권)를 시작으로, 조선과 일본의 고대관계사 연구가로도 높은 평가를 받았다. 김달수는 재일조선인 1세로서 스스로의 민족문제를 일본어로 집필, 재일조선인 문학이라고 하는 독특한 영역을 개척했다.

『김희로공판대책위원회뉴스(金嬉老公判対策委員会ニュース)』

SCENE 1

かれは四十歳になっていたが、清水で生れ育ったということだけで、私にはもう、それは目に見えるようにわかった。なぜかといえば、それは、かれの生れたその二年後に十歳で在日朝鮮人となった私自身の体験であったばかりでなく、在日朝鮮人ならば多かれ少なかれ、誰でもが持っている体験だったからである。ただ、金嬉老のばあいちがっているところはといえば、それだったにもかかわらず、これがむしろ重要なところであるが、かれはあまりにも「日本人」となりすぎていたのではなかったか、ということであった。つまり、かれはあまりにも「かくされた人間」でありすぎたのである。そのためかれはかえってのちには、「てめいら朝鮮人は……」うんぬんといったという小泉某のそんな、かれのような刑事にあって何でもなかったはずのそんな罵言をも、許すことができなくなってしまったのである。

그는 마흔 살이고 시미즈에서 태어나 자랐다는 것만으로도 나에게 바로 그의 모습이 눈에 보이는 듯 알 수 있었다. 왜냐하면 그것은 그가 태어난 바로 2년 후에 열 살 나이로 재일조선인이 된 나 자신의 경험일 뿐 아니라, 재일조선인이라면 많든 적든 누구나가 겪고 있는 경험이었기 때문이다. 다만, 김희로의 경우에 조금 다른 점이 있다면, 그럼에도 불구하고 이것이 오히려 중요한 것인데, 그는 너무나도 '일본인'이 되어 있었던 것은 아닐까 라는 것이다. 즉, 그는 너무나도 '가려진 인간'이었다고 말할 수 있다. 그 때문에 오히려 후일에는 "니놈들 조선인은……"라는 등의 고이즈미 모씨의 그런, 그와 같은 형사에게는 대수롭지 않은 그런 욕설도 용서할 수 없게 된 것이다.

SCENE 2

今回の「金嬉老事件」についてみますと、これには実に複雑な背景と動機とがからんでいるように思われます。被告の犯した殺人という行為が厳正な法にてらして明らかにされなくてはならぬこともちろんでありますが、同時に、被告金嬉老が提起してやまないいわゆる民族問題もまた、それとともに明らかにされなくてはならぬ性質のものと思われます。(中略)在日朝鮮人をもっともよく知るものはといえば、それは在日朝鮮人をおいてほかにありません。私も、その在日朝鮮人のうちの一人であります。(中略)私は日本語をもって小説作品を書き、それをつうじて日本人にたいし、在日朝鮮人および朝鮮人一般を理解してもらおうと欲したからであります。その目的はいうまでもなく、相互の正しい理解であり、両国民どうしの友好と親善とであります。私が今回の「金嬉老事件」の公判にさいして、法廷における単なる一証人としてではなく、被告の希望により、いわゆる特別弁護人となろうとするのも、その目的はおなじであります。

이번에 발생한 '김희로 사건'에 대해서 말하자면, 이것을 실로 복잡한 배경과 동기가 얽혀 있다고 생각합니다. 피고가 저지른 살인이라고 하는 행위가 엄정한 법에 비추어 밝혀져야 하는 것은 물론이지만, 동시에 피고 김희로가 제기한 이른바 민족문제 또한 그것과 함께 밝혀져야 할 성질의 것이라고 생각합니다. (중략) 재일조선인을 가장 잘 아는 사람이라 한다면 그것은 당연 재일조선인 이외에는 없습니다. (중략) 나는 일본어로 소설 작품을 쓰고, 그것을 통해서 일본인에 대해서 재일조선인 및 조선인 일반을 이해해 주길 바라기 때문입니다. 그 목적은 말할 것도 없이, 서로를 바르게 이해하고 양 국민의 우호와 친선을 위해서입니다. 내가 이번 '김희로 사건'의 공판에서 단지 법정의 한 사람의 증인으로서가 아니라, 피고의 희망에 따라 이른바 특별변호인이 되려고 하는 것도 그 목적은 같습니다.

SCENE 3

冒頭のそのセンテンスはまだつづいているが、人はこの文章をみてどういうふうに思うだろうか。まず、鈴木氏はここで「言葉」ということを問題にし、「敵」ということをいっている。それなら、こちらの弁護団長である戒能通孝氏は、いったいどちらの側の人間であるというのだろうか。身方であろう。その身方のことばをとらえて、「これを威丈高に恫喝したのである」ときめつけること、これはいったいどこの、どういうところから出てくる「言葉」だというのか。「弁護団に権力の番犬を」うんぬんにしてもおなじことである。(中略)しかし、鈴木氏の一文は、私にこのような反省をあたえてくれたものであるが、それにもかかわらず、なおかつ、ここには大きな問題があると私は思う。それは鈴木氏のこのような方法、やり方である。だいいち、戒能氏および弁護団にたいして、鈴木氏にこのような批判があったとしたら、まずそれを、弁護団と対策委員会との会議にだすべきではなかったか。私の知る限りでは、弁護団の会議にはいつも鈴木氏を含む対策委員会のメンバーも来て参加しているのだから、そのときでもよかったと思う。(中略)その一文を機関の「ニュース」に発表することで、いきなり背後から闇討ちをかけるようなことをしたのである。闇討ちは敵にたいしても卑怯とされているのに、ましてこちらは身方なのである。

첫 부분의 그러한 문장은 계속 이어지고 있는데, 사람들은 이와 같은 문장을 보고 어떻게 생각할까. 우선 스즈키 씨는 여기에서 '말'이라는 것을 문제시하고 '적군'을 말하고 있다. 그렇다면 우리 측 변호단장인 가이노 미치타카는 도대체 어느 쪽의 인간이란 말인가. 아군일 것이다. 그러한 아군의 말꼬리를 잡고 "이것을 고압적으로 위협한 것이다"라고 치부하는 것, 이것은 도대체 어디의 어떠한 곳에서 나오는 '말'이란 말인가. "변호단에게서 권력의 번견을"이라는 둥의 말 역시 동일하다. (중략)하지만 스즈키 씨의 문장은 나에게 이러한 반성을 촉구한 것이기는 하지만, 그럼에도 불구하고 여전히 여기에는 큰 문제가 있다고 나는 생각한다. 그것은 스즈키 씨의 이러한 방법, 방식의 문제이다. 무엇보다 가이노 씨 및 변호단에 대해서 스즈키 씨는 이러한 비판이 있다고 한다면, 먼저 그것을 변호단과 대책위원회과의 회의에서 말해야 했던 것이 아닐까. (중략)그러한 문장을 기관지 '뉴스'에 발표함으로써 느닷없이 보이지 않는 곳에서 기습 공격한 것과 다를 바 없다. 기습은 적에게 해도 비겁하다는 소리를 듣는데, 하물며 이쪽은 아군이다.

SCENE 4

가. 김피고는 사건 발생 직후 많은 한국 사람들이(조총련포함) 자기 주변을 감싸고 변호 및 각종 친절을 베풀어 주었으나 당시는 자기자신 누구의 도움을 받아야 할 것인지에 대한 올바른 판단을 할 수가 없었다. 그러나 자신은 계속하여 한민족의 한사람으로서의 긍지를 자각하고 있으며 현재는 조총련의 친절이 한, 일 양국 간의 우호관계를 저해하고 있다는 점을 정확히 자각하고 있다. 따라서 현재에도 김달수 등이 변호인단에 가입되고 있으나 그의 발언이 앞으로라고 한, 일 양국 간의 우호증진 면에서 방해가 될 적에는 그를 변호인단에서 제명토록 요구하겠다.

나. 총련계에서는 김일성전기 및 모택동 전기 등을 비롯하여 각종 공산계 서적 및 잡지를 차입해주고 있으나 김피고는 이러한 간행물을 일체 보지 않을뿐더러 차입 접수마저 하지 말도록 관계 간수에게 연락을 취하였다고 하였음.

개요

김희로공판대책위원회(이하, 대책위원회)의 전신으로서의 〈문화인〉 그룹의 결성 과정에 대해서 살펴보면, 1968년 2월 20일 사건 발생으로부터 이틀이 지난 2월 22일 심야에 도쿄 긴자의 도큐호텔(東急ホテル)에서 첫 회합을 갖게 되는데, 동 회합에 참석한 멤버는 히다카 로쿠로(日高六郎, 東京大学), 스즈키 미치히코(鈴木道彦, 一橋大学), 이토 나루히코(伊藤成彦, 中央大学), 오사와 신이치로(余大沢真一郎, 평론가), 김달수, 니시다 마사루(西田勝, 法政大学), 요시하라 다이스케(吉原泰助, 福島大学), 요코야마 마사히코(横山正彦, 東京大学), 변호사 사이토 고지(斎藤浩二), 스나미 슌스케(角南俊輔), 야마네 지로(山根二郎), TBS 기자 2명이다. 그리고 회합은 다음 날 새벽까지 이어지고 마침내 사건 현장의 김희로에게 '호소문(呼びかけ)'을 보내기로 합의하고, 초고 작성은 히토츠바시대학의 스즈키 미치히코가 담당하게 된다. 호소문 작성이 끝난 2월 23일 아침, 쥬오대학의 이토 나루히코와 김달수, 그리고 3명의 변호사는 바로 시즈오카현의 사건 현장으로 출발하게 되는데, 당시 호소문의 내용은 다음과 같다.

> 우리들은 당신의 이번 행동 전부를 인정할 수 없지만, 이와 같은 행동에 나선 당신의 마음을 이해하기도 합니다. 그러한 당신의 심정을 보다 많은 사람들에게 정당한 방법으로 주장하기 위해서는 법정에 서는 길을 선택해 주세요. 당신이 당신의 주장을 법정에서 진술하는 길을 선택할 경우, 우리들은 변호인단을 조직하는 등, 가능한 모든 방법을 동원해서 당신의 힘이 되어드리고 싶습니다. 그리고 이를 통해서 조선인에 대한 편견을 일본인 속에서 없애도록 노력하고 싶습니다.

위 호소문의 요지는 사건 발생 초기 단계부터 본인의 요구가 받아들여지면 자살하겠다고 주장한 김희로가 신속히 자수해서 법정 투쟁의 길을 선택한다면, 변호인단을 결성하는 등 모든 측면에서 서포트하겠다는 내용인데, 이와 같은 〈문화인〉 그룹의 주장은 앞서 소개한 바와 같이 동시대의 언론으로부터는 범죄자까지를 옹호한다고 비판적으로 평가를 받게 된다. 그리고 결과적으로 김희로 체포 후에는 〈문화인〉 그룹에 참가했던 사람들 사이에서도 균열 및 이탈자가 발생하게 되는데, 주목할 점은 대책위원회의 전신인 〈문화인〉 그룹의 재일조선인 참가자는 김달수가 유일하다는 것이다.

먼저, 김달수가 동 사건에 커미트먼트하는 과정을 살펴보면, 사건 발생 이틀 후인 2월 22일 밤, 당시 문예평론가이자 호세이대학의 교수 니시다 마사루로부터 "아무래도 이렇게 넋 놓고 있을 수만은 없다. 다른 사람들과 함께 의논을 하고 싶으니 당신도 와 줄 수 있겠는가"라는 연락을 받고 〈문화인〉 그룹의 회합에 합류하게 되는데, 김달수는 동 회합에서 적극적으로 발언하지 않고 어디까지나 '방청자'의 포지션을 유지한다. 그런데 밤샘 토론을 통해서 김희로 사건을 단순 살인사건이 아닌 일본인 스스로의 책임 문제로 인식하려는 일본인들의 모습을 보면서, "당시 그곳에 모인 사람들에게는 매우 무례한 말이겠지만 〈정말일까〉라는 느낌이었다. 여기에는 많은 의미가 내포되어 있는데, 그곳에서 펼쳐진 광경, 그곳에서 논의되고 있었던 것은 그 전까지의 나로서는 도무지 믿겨지지 않는 일이었기 때문이다"(「김희로란 무엇인가」『중앙공론』 1969년 10월호)라고 말하고 있다. 따라서 동 회합에서 '방청자'의 포지션을 유지하던 김달수는 호소문 작성이 끝나고 사건 현장으로 출발하는 인선이 이루어지는 단계에 이르자, '나는 그곳에 있는 내내 감동이 휩싸이는 것을 기억하면서 침묵하며 그 광경을 옆에서 지켜보고 있었지만, 마지막에 가서 나는 더 이상 참을 수 없는 심정이 되었다'라고 말하며 '옵저버(관찰자)'의 자격으로 현장으로 동행하기로 결심한다.

여기서 주의할 점은 '방청자'와 '옵저버(관찰자)'의 포지션은 사전적인 의미에서는 비슷할 수 있지만, 호텔 회합에서의 '방청자'의 포지션과 각종 미디어에 노출되어 실시간으로 생중계되는 사건 현장으로 출발하는 '옵저버(관찰자)'의 포지션은 큰 차이가 있다는 사실이다. 특히, 김희로 사건의 첫 공판은 1968년 6월 25일부터 시작되는데, 변호인 측은 1968년 8월 21일에 열리는 제3차 공판에 19명의 특별변호인을 신청하지만, 시즈오카지방재판소에서는 다른 모든 사람의 신청은 기각하고 오직 김달수만을 유일하게 특별변호인으로 인정하게 된다. 즉, 김달수의 포지션은 '방청자'에서 '옵저버(관찰자)', 그리고 '특별변호인'으로 변화하면서 그의 발언 자체에도 자연스럽게 무게가 실리게 되고, 결과적으로 변호인단의 방향성 및 재판 과정에도 적지 않은 영향을 미치게 된다고 볼 수 있다.

작품 해설

SCENE 1 〈문화인〉 그룹과 문학가의 '김희로는 우리들이다'

동시대의 문학가 및 지식인들은 김희로 사건을 어떻게 인식했을까. 먼저, 작가 오에 겐자부로(大江健三郎)는 1958년에 여고생을 성폭행한 후에 살해한 이른바 고마츠가와사건(小松川事件)의 범인 이진우(당시 18세, 1962년 교수형)와의 유사점에 대해서, '그것은 조선인에 대한 것을 말하는 것이겠지 라고 남의 일 말하듯이 인식되어서는 안 되기 때문이다. 이진우 소년은 우리들 일본인 자신이며, 김희로 역시 우리들 자신, 현대 일본인 자신임에 틀림없고, 우리들 자신이 강간을 하고 교수형에 처해졌으며, 우리들 자신이 다이너마이트 뭉치를 배에 감고 엽총을 난사하고 있는 것이다'(「정치적 상상력과 살인자의 상상력」『군상』 1968년 4월호)라고 하면서 동 사건은 일본인 및 일본 사회가 만들어낸 사건이라는 의미에서 '김희로는 우리들이다'라고 말하고 있다.

하지만, 이와 같은 일본인의 발화 포지션에 대해서 김달수와 함께 〈문화인〉 그룹에 참여한 쥬오대학의 이토 나루히코(대책위원회에는 참여하지 않고 니시다 마사루와 함께 이탈)는 이와 같은 일본인의 '김희로는 우리들이다' 발언에 대해서, 재일조선인 김희로와 일본인 사이에는 커다란 간극이 있고 그 결과 사건이 일어난 것이기 때문에, 섣불리 이와 같은 포지션을 착각해서는 안 된다고 비판한다(「질서의 논리와 인간의 원리」『전망』 1968년 5월호). 이토 나루히코는 재일조선인과 일본인은 식민지 지배라고 하는 역사성으로 인해 필연적으로 가해자와 피해자의 이항대립적인 관계가 자동적으로 성립되기 때문에 섣불리 '김희로는 우리들이다'라고 말해서는 안 된다고 말하고 있는 것인데, 물론 오에 겐자부로가 이와 같은 관계성을 인식하지 못했다고는 볼 수 없고, 오히려 위의 문장 마지막 부분에서 '재일조선인 문제란 실은 일본인 문제'라고 말하고 있다는 점에서는 오에 겐자부로의 '김희로는 우리들이다' 발언과 크게 다르지 않다고도 해석할 수 있다(오에 겐자부로 역시 문장의 마지막 부분에서 재일조선인과의 비대칭적인 관계성을 바로잡기 위한 일본인의 '정치적 상상력'을 촉구하고 있다).

그리고 김달수 역시, 김희로의 자라온 환경은 '나 자신의 경험'과 같다고 말하고 있는데, 사건 이후 많은 재일조선인들이 이와 비슷한 발언을 하고 있다는 점을 생각하면, 김희로와의 유사성을 설명하는 김달수의 발언 자체는 특별하다고 볼 수 없다. 다만, 주목해야 할 부분은 김달수는 김희로 사건이 발생한 결정적인 이유는 일본 사회의 재일조선인에 대한 차별적인 사회 구조라고 하는 외부적인 환경보다도 그러한 환경에 대해서 노력하지 않은 자신의 문제, 즉 '가려진 인간'이 되어버린 자기 구축의 실패에 대한 스스로의 책임을 지적하고 있는 점이다. 이와 같은 발언은 사건 직후에도 신문 인터뷰에서 "김희로가 말하는 조선인 문제에 변명을 하는 면이 전혀 없다고는 할 수 없다. 그러나 조선인 문제가 김희로라고 하는 인간을 만들었다는 사실은 부정할 수 없다. (중략)보통 사람 이상으로 머리가 좋은 김희로, 바른 길을 걷지 못한다면 탈선할 수밖에 없다. 억압된 자기 과시욕은 굴절된 형태로 표출된다. 승부욕이 강한 김희로는 평소에 차별 대우에 대해서는 세상 사람들에게 호소하려 하지 않았다. 그러한 만큼 그 폭발이 극단적으로까지 치솟았던 것은 아닐까"(인터뷰 기사「88시간의 대결〈하〉」『아사히신문』 1968년2월27일)라고 말하고 있는 것처럼, 사건의 본질을 평소에 재일조선인으로서의 자기 구축에 실패했기 때문에 극단적인 형태로 '표출''폭발'되었다고 설명하고 있다.

이상과 같이 김희로 사건을 둘러싼 동시대 문학가들의 발언에 주목해 보면, 오에 겐자부로와 이토 나루히코는 표현상의 차이는 있지만 결과적으로는 일본인의 전후 책임을 지적하고 있고, 김달수는 이와 같은 일본 사회의 문제보다는 재일조선인 스스로의 외부적 환경에 대한 내부적 노력에 방점을 찍고 사건을 해석하고 있다는 것을 알 수 있다.

SCENE 2 이동하는 발화 포지션

대책위원회는 사건 발생으로부터 약 한 달 반 이후인 1968년 4월 12일에 결성되어, 1968년 6월 24일(1호)부터 동 대책위원회의 기관지 「김희로공판대책위원회뉴스」(이하, 「뉴스」)를 재판이 완료되는 1976년 10월 2일까지 총 40호를 발간하게 된다. 「뉴스」 1호에는 대책위원회의 업무와 역할에 대해서 다음과 같이 기술하고 있다.

> 하나, 재판 비용을 모으고 노동력을 제공하며 변호인단을 물질적으로 지원한다. 이것이 최우선적으로 〈피고〉로서의 김희로의 권리를 보장한다. (재판 비용은 제1심에서 최소한 500만 엔이 필요하다)
> 하나, 이 〈사건〉의 과정과 그 배경을 철저하게 조사한다. 이를 통해서 일본인과 재일조선인의 근본적인 문제를 탐색하고, 문제에 대한 이론적인 어프로치를 심화시켜서 법정 투쟁의 논리를 충실히 한다.
> 하나, 그 밖의 필요한 모든 것(팜플렛 간행 등)을 통해서, 변호인단을 전면적으로 보좌하며 돕는다.
>
> 1968년 4월 12일 김희로공판대책위원회

대책위원회의 업무와 역할은 크게 두 가지인데, 첫째는 홍보 및 비용적인 측면에서 변호인단을 서포트하는 것이고, 둘째는 재일조선인에 대한 철저한 조사와 이를 통한 법적 대응 '논리'를 구축하는 것이다. 사건 초기의 〈문화인〉 그룹과는 달리 많은 멤버들이 추가적으로 참여하고 있다는 사실을 알 수 있는데, 특히 대책위원회에는 일본조선연구소의 가지무라 히데키(梶村秀樹, 일본조선연구소)와 구보 사토루(재일조선인 2세, 사상/철학 전문 출판사인 세리카서방 초대 편집장) 등 재일조선인 전문가가 참여하고 있다. 또한, 변호인에는 김판엄과 권일 등의 민단 소속 변호사가 참여하고 있고(민단 소속 두 변호사는 이후 대책위원회에서 중도 하차해서 별도의 노선을 걷게 되는데, 이에 대해서는 후술), 특별변호인(신청인)에도 작가 및 평론가 등 많은 문학가들이 이름을 올리고 있다. 다만, 대책위원회에서 특별변호인의 필요성을 통감하고 시즈오카현 지방재판소에 신청서를 제출한 결과, 재판소로부터 최초로 특별변호인으로 인정받은 것은 김달수가 유일하다.

특별변호인 신청서를 보면, 김달수가 특별변호인 자격으로 공판 과정에 참가하게 된 것은 김희로 '피고의 희망'에 따른 것이라는 점에서, 〈문화인〉 그룹 당시의 '방청자'와 '옵저버(관찰자)'의 포지션과는 또 다른 의미에서 재판의 방향성에 무게가 실리게 된다고 할 수 있다. 본래, 특별변호인이란 법률 전문가는 아니지만 어느 특정 분야에 전문적인 지식을 가진 사람이 재판소의 허가를 받아서 변호인으로서 선임되는 경우를 말하는데, 앞서 소개한 바와 같이 대책위원회에서도 재일조선인 문제에 전문성을 갖춘 특별변호인의 필요성을 '통감'했다고 말하고 있는 점을 생각하면, 김달수의 발언은 김희로 사건의 법적 대응 논리를 구축하고자 했던 대책위원회의 방향성은 물론, 재판 그 자체에도 크게 영향을 미쳤을 가능성이 높다.

따라서, 이와 같은 포지션의 변화에 주의하면서 다시 한 번 김달수가 제출한 특별변호인 신청서에 주목하면, 김달수는 김희로 사건을 둘러싼 해석학적 측면에서 당사자성을 강조하면서 일본 사회의 차별적인 '민족문제'를 지적하고 있는데, 이것은 지금까지의 김달수의 김희로 사건 해석과는 방점의 위치가 상당히 이동했다는 사실을 알 수 있다. 앞서 설명한 바와 같이, 김달수는 사건 발생 직후의 신문 인터뷰와 각종 미디어에서 김희로 사건의 결정적 원인을 자기 구축의 실패라는 측면에서 설명하고 있는데, 위의 특별변호인 신청서에서는 그와 같은 재일조선인 내부의 문제를 은폐하는 형태로 피해자로서의 재일조선인을 초점화시키고 있다.

SCENE 3 착종하는 자기 구축

1969년 9월 24일에 열린 제17차 공판에서 김희로가 사살한 조직 폭력배 소가 유키오(曾我幸夫)를 옹호하려는 호스티스의 말맞추기 증언에 대해서, 당시 가이노 미치타카 변호인 단장은 그녀에게 고압적인 자세로 화를 내며 엄포를 놓는데, 이에 대해서 스즈키 미치히코는 변호단과 대책위원회의 '내부에 내재된 권력의 말, 권력의 문화', 즉 평소 검찰 측이 사용하고 있는 고압적인 위협 등의 지배자의 말을 어느샌가 피해자가 무의식적으로 사용하고 있다고 그 권력성의 전위를 문제화한다.

김달수는 이러한 스즈키 미치히코의 피해자에 내재된 권력성 비판에 대해서 두 가지 측면에서 비판하는데, 첫째는 단어 하나하나의 '말꼬리'를 잡으며 변호인을 비판하는 스즈키 미치히코의 발화 포지션이고, 둘째는 이와 같은 가이노 변호인에 대한 비판을 대책위원회의 기관지인 「뉴스」에 싣는 '방법, 방식'을 문제시하고 있다. 달리 말하자면, 김달수는 전위되는 권력성의 구조에 대한 스즈키 미치히코의 지적 그 자체에 대해서는 납득할 수 있지만, 법정이라는 공간에서 이와 같은 내부적 비판은 유효하지 못하고, 또한 이것을 기관지 「뉴스」에 싣는다는 것 역시, 앞으로의 법정 투쟁에서 긍정적으로 작용하지 않을 것이라는 입장에서 발화 포지션을 문제삼고 있다고 볼 수 있다.

물론 스즈키 미치히코의 이와 같은 발화 포지션은 대책위원회 내부에서만 이루어진 것은 아니고, 김희로와의 개인적인 관계에서도 일관되게 보이는 자세이기도 하다. 예를 들면, 스즈키 미치히코는 김희로와 100여 통이 넘게 서신을 주고받은 사이였는데, 재판 공판이 진행될수록 "김희로는 처음에 내가 생각했던 인간과는 달랐고, 어느 시점부터 나는 그에게 매우 비판적으로 변했고 도중부터는 면회도 가지 않게 되었습니다"(「대담 프루스트와 〈재일〉의 사이」『청춘과독서』 2005년 5월호)라고 결별에 대해서 언급하고 있다. 그리고 결별의 결정적인 이유에 대해서, '너무나도 사적인 인간관계와 관련된 사항'이기 때문에 구체적으로 말할 수는 없다고 하면서, '역시 최종적으로 그의 주체적인 선택 문제와 관련된 사항을 둘러싸고, 우리들의 의견은 또 다시 분명히 갈렸다. (중략)이처럼 법 권력에 저항해서 지키려고 했던 동 사건의 본인과의 사이에 납득할 수 있는 관계를 구축하지 못했다는 것은 나에게는 대단히 유감스러운 사건으로 남았다'(『월경의 때—1960년대와 재일』 슈에사신서, 2007년)라고 말하고 있듯이, '주체적인 선택'을 둘러싸고 김희로와 의견의 일치를 보지 못하고 결과적으로 갈등이 심화되었음을 추측할 수 있다.

물론, '주체적인 선택'이 구체적으로 무엇을 말하고 있는지 알 수 없지만, 위의 글 다음에는 고마츠가와사건의 이진우가 자기의 범행에 모든 책임을 지면서 '주체 탈환'을 위해서 노력하는 모습에 감동을 받았다는 부분이 이어지고 있다는 점을 생각하면, 스즈키 미치히코가 앞서 지적한 대책위원회의 운동 방향성과 재일조선인의 '주체 상실'과의 관계를 이야기하고 있는 것만은 분명하다. 즉, '고발자'로서의 자기 구축이 아니라 재일조선인 스스로의 자기 비판을 통한 '주체 탈환'을 둘러싸고 김희로와 의견이 갈렸다고 볼 수 있다.

그렇게 생각하면, 이와 같은 '주체 탈환'의 방식은 김달수가 말하는 자기 구축에 실패한 '가려진 인간'이라는 지적과도 전혀 무관하지 않다. 다만, 그럼에도 불구하고 스즈키 미치히코가 김달수를 적극적으로 평가하지 않는 이유는 이와 같은 문제의식과는 달리, 김달수는 법정 및 기관지 「뉴스」에서는 철저하게 일본과 재일조선인을 이항대립적인 관계에서 '가려진 인간'을 만들어낸 일본의 차별적인 사회 구조와 책임 문제에 방점을 찍고 있기 때문이다. 즉, 김달수의 입장에서는 법정이라는 공간에서는 재일조선인의 자기 비판은 쉽게 김희로 '범죄자'설과 연동된다는 사실을 알고 있기 때문에 그 유효성을 확보하려고 했다고 볼 수 있는데, 이러한 김달수의 발화 포지션은 김희로의 자기 구축 측면에서는 김희로 스스로의 자기 비판이 결락되어 있다는 점에서, 결과적으로 '주체 상실'로 이어지는 역설적인 구조를 만들어냈다고 해석할 수 있다.

SCENE 4 한국 외교문서와 〈반공〉

마지막으로, 2000년부터 일반 공개되기 시작한 김희로 사건 관련 한국 외교문서를 중심으로, 한국 정부는 동 사건을 어떻게 인식하고 있었고, 또한 김달수에 대해서는 어떠한 입장을 취했는지를 살펴보도록 하자. 현재 김희로 사건 관련 외교문서는 1970년도에 생산된 『재일교민 김희로사건, 1970』(2000년, 외교통상부)와 1971년에 생산된 『재일국민 김희로사건, 1971』(2000년, 외교통상부), 그리고 1972년에 생산된 『재일국민 김희로 사건, 1972』(2002년, 외교통상부), 1978년부터 1979년 사이에 생산된 『재일본 교민 김희로 사건, 1978-1079』(2010년, 외교통상부. 본 파일은 CD-ROM 형태로 공개)가 마이크로필름 형태로 일반 공개되어 있다. 다만, 일반 공개된 김희로 사건 관련 외교문서는 사건이 발생한 1968년도의 파일은 존재하지 않고 사건 발생 2년 후인 1970년도 이후에 생산된 문서부터 확인되고 있는데, 먼저 한국정부가 동 사건을 어떻게 인식하고 있었는지에 대해서 살펴보도록 하자.

> 1. 그간 당관에서 조치한 바에 의하면 "김희로 공판 대책위원회"는 일인들이 주동이 되어 일인 변호인단의 후원을 목적으로 결성된 집단이며 취지는 사상을 초월하여 김희로 구출운동을 하기 위한 것이라고 하나 동 "대책위원회" 구성 성분을 보면 좌익계열로 되어있으며 동 후원을 받고 있는 일인 변호인단 자체도 공산당, 좌익계열로 되어있음.
> 2. 다만 민단계 변호인으로서는 권일, 김판남 양씨가 관계하고 있으나 일인 변호인단과는 보조를 같이하지 않고 독단적인 입장에서 움직이고 있으며 김판남 변호사가 김희로의 협정영주권을 신청시켜 현재 영주권을 취득케한 사실이 있음.
> 3. 상기 사실을 참작하여 "김희로 구출서명운동 추진위원회"가 "김희로 공판대책 위원회"와 직결되게 된다면 좋지 못한 결과를 초래할 우려가 있는 바 필요하다면 상기 민단측 변호인과 상호 연락을 취하도록 함이 가하다고 사료됨.
> 4. 따라서 금번 권애라 등의 도일의 필요성은 없는 것으로 사료됨.(외교부 문서(2000)「수신 : 장관, 발신 : 주일대사, 1970년 3월 17일, 번호 : JAW-03208」『재일교민 김희로사건, 1970』 외교통상부)

위의 외교문서에서 주목해야 할 부분은 밑줄 부분인데, 이것은 저자에 의한 것이 아니라 원문 그대로를 옮겨놓은 것이다. 발신자가 일본 주일대사이며 수신자가 한국 외교무 장관이라는 점을 생각하면, 당시 외교 수장이 동 사건의 어디에 중점을 두고 인식하고 있었는지를 알 수 있는데, 먼저 주목할 점은 김달수도 깊이 관여하고 있는 대책위원회를 그 구성 인원의 정치적인 성향을 기준으로 '공산당'과 '좌익계열'로 구분하면서 견제하고 있다는 사실이다.

그리고 또 한 가지 주목할 점은 당시 한국 정부는 대외적으로는 동 사건에 개입하지 않는다고 말하면서도, 권애라(전 국회의원 고 김시현의 부인)가 중심이 된 한국의 '김희로구출서명운동추진위원회'의 일본 방문을 검열 및 차단하고 있다. 권애라는 김희로 구명 운동을 위해서 서울 광화문 네거리에서 간이 책상을 내다놓고 '100만인 서명' 운동을 펼치기도 했는데, 이와 같은 한국의 추친위원회와 일본 대책위원회와의 접촉을 '좋지 못한 결과를 초래할 우려'가 있다고 판단하고 일본 방일을 사전에 차단하고 있다. 물론 여기에서 말하는 '좋지 못한 결과'라는 것은 일본 대책위원회의 '공산당''좌익계열'과의 접촉에 대한 우려라고 볼 수 있는데, 즉 동 사건에 대한 한국 외교문서를 통해서 알 수 있는 것은 〈반공〉이라는 입장에서 한일 양국의 위원회를 검열하고 있었다는 사실이다.

〈SCENE 4〉의 인용문 속의 밑줄 역시 원문 그대로인데, 김희로는 사건 발생 직후에는 '올바른 판단'을 할 수 없어서 민단과 조총련 양쪽으로부터 도움을 받았지만, 지금은 '한민족의 한사람으로서의 긍지를 자각하고 있으며 조총련의 친절이 한, 일 양국 간의 우호관계를 저해하고 있다는 점을 정확히 자각하고 있다'고 말하고 있듯이, 김희로는 한국 정부가 요구하고 있는 〈반공〉에 맞추어 조총련 소속의 김달수의 발언 및 조총련 관련 모든 차입물까지도 꼼꼼히 보고하며 공조하고 있었다는 사실을 알 수 있다.

그리고 당시 한국 정부가 김희로 사건을 어떠한 정치적인 한일 관계 속에서 이해했는지에 주목하면, 앞서 소개한 외교문서에는 재판 중에 있는 김희로가 민단 출신 변호사(김판엄과 권일)의 도움을 받아 '협정영주권'을 신청해서 취득했다고 보고하고 있다. 위의 외교문서가 생산된 것은 1970년 3월 17일인데, 한일 양국은 1965년 국교정상화 이후에 한일법적지위협정을 체결하고 재일조선인의 외국인등록증명서의 국적란에 '조선'에서 '한국'으로 변경하는 이른바 국적변경운동을 전개한다. 이와 같은 협정영주권을 취득한 재일조선인은 중범죄를 저지르지 않는 한 본국으로 강제 송환되지 않고, 또한 본인의 의지에 따라 한국으로 귀국하는 경우에는 재산을 가지고 들어올 수 있으며, 교육 및 생활보호, 국민건강보험 등의 제도적 측면에서 일본인과 동등한 대우를 받을 수 있다는 점에서 다른 재일 외국인과 비교해서 특혜를 받게 된다. 1965년에 체결된 협정영주권은 그 대상이 자녀 세대까지 한정되어 있었기 때문에, 손자·손녀 이후의 세대에 대한 문제점과 '조선' 국적의 재일조선인 및 대만 국적의 영주자들에 대한 근본적인 처우 개선이 필요했고, 이를 위해 1991년 11월 1일에 '한국' 국적의 재일조선인에 한정하지 않는 '특별영주권' 제도가 시행되었다.

그런데 문제는 동 협정영주권 신청의 최종 마감일이 1971년 1월 16일이었지만, 당시 약 60만 명의 재일조선인 중에 협정영주권 체결을 통해서 '한국' 국적을 취득한 사람을 절반도 미치지 못했다는 사실이다. 따라서 한국 정부는 일본 정부에 부탁을 해서 일단 '한국' 국적으로 변경한 사람에 한해서는 재차 '조선' 국적으로 변경할 수 없게 하는 등의 다양한 회유책을 전개했다. 따라서 이와 같은 동시대의 국적 변경 문제에 주목하면, 한국 정부의 지시에 따라서 움직인 민단 출신 변호사를 통해서 김희로가 '한국' 국적을 취득하게 된 것은 이데올로기 측면에서는 〈반공〉 입장을 취하고 있다고 볼 수 있고, 또한 김희로를 '한국' 국적으로 포섭함으로써 대외적으로는 북한에 대한 한국의 우위성을 강조하는 사건으로 유용하려 했다고 해석할 수 있다.

6. 역사 김달수 『나에시로가와』

본장의 요점

김달수에 대한 대중적인 평가가 소설가에서 한일 '고대관계사 연구가'로 전환되는 시점은 1970년대 중반부터이며, 이와 같은 '고대관계사 연구가'로의 토대를 마련한 것은 1968년에 집필된 평론 「조선문화에 대해서(朝鮮文化について)」(『이와나미강좌 철학』) 부터이다. 물론, 동 평론 이전에도 1962년 1월에는 「일본 속의 조선문화(日本のなかの朝鮮文化)」(『젊은 세대』), 1963년 1월에는 「고마신사와 심대사(高麗神社と深大寺)」(『조양』)라는 글을 집필하고는 있지만, 이것은 어디까지나 소설가로 활약하면서 집필된 단발적인 고대관계사 평론이라고 할 수 있다. 이후, 김달수가 본격적으로 일본 각지의 조선 도래인이 전파한 조선문화를 조사하기 시작한 것은 1967년이고, 정귀문·정조문 형제와 함께 계간잡지 『일본 속의 조선문화』를 창간한 것은 1969년 3월, 그리고 잡지 『사상의 과학』에 「조선유적의 여행(朝鮮遺跡の旅)」이라는 글을 연재하기 시작한 것은 1970년 1월이다.

주의할 점은, 이와 같이 소설가보다 한일 '고대관계사 연구가'로서의 김달수에 대한 평가가 강조된 나머지, 김달수가 한일 고대관계사에 관심을 갖기 시작한 시기에 집필된 소설 및 본격적으로 고대관계사 연구가로 활약한 시기에 집필된 소설에 대해서는 지금까지 그다

지 주목받지 못하고 있다는 사실이다. 예를 들면, 『나에시로가와(苗代川)』(『민주문학』 1966년 4월호), 『고려청자(高麗青磁)』(『세계』 1970년 2월호), 『어느 해후(ある邂逅)』(『문예』 1972년 5월호), 『대마도까지(対馬まで)』(『문예』 1975년 4월호), 『낙조(落照)』(『문예전망』 1978년 여름호) 등, 1966년 이후에 발표되어 1979년 10월에 출판된 중단편집 『대마도까지』에 수록된 작품에 대한 연구가 지금까지의 선행연구에서는 누락되어 왔다.

따라서, 본장에서는 김달수가 한일 고대관계사 연구에 본격적으로 착수하기 이전인 1966년 4월에 발표된 단편 『나에시로가와』를 중심으로, 작품 속에서 어떠한 방식으로 고대관계사에 어프로치하고 있는지에 대해서 살펴보고자 한다. 특히, 동 작품이 단행본에 수록된 것이 1978년이라는 점을 생각하면(앞서 소개한 중단편집 『대마도까지(対馬まで)』에 수록), 당시 일본의 많은 독자들은 한일 고대관계사 연구가로서의 김달수라는 인식을 바탕으로 동 소설을 읽게 된다. 하지만, 『나에시로가와』는 김달수가 일본 속의 조선문화를 연구하기 위해 본격적으로 취재여행을 시작한 1967년 이전에 집필된 소설이라는 점에서, 소설가적 측면과 고대 연구가적 측면이 복합적으로 가장 잘 드러난 전환기적 소설이라고 볼 수 있다. 본장에서는 소설 속에서 다루고 있는 조선인 피로인에 대한 인식뿐 아니라, 한일 고대관계사 연구를 위한 취재 여행의 방법론적 어프로치에 대해서도 함께 고찰하는 것을 목적으로 한다.

『나에시로가와(苗代川)』

SCENE 1

＜三百数十年前の朝鮮人の子孫とは、いったいどんな人だろうか＞と思わないわけにゆかなかったが、別だん、変わったところがあるわけはなかった。ふつうの日本人であった。両民族は、姿や顔かたちはほとんどおなじであるので、あるいはふつうの朝鮮人であったといってもいいかも知れないが、しかし姜魏堂さんは日本人であって、朝鮮人ではない。痩せた、背の高い、どこかひょうひょうとしたところがあって、鼻溝の長い顔が笑うと、口辺と目尻とに大きなしわができて、それがいかにもいい人物のような感じだった。

〈삼백 수 십 년 전의 조선인 자손이란 도대체 어떤 사람일까〉라는 생각을 하지 않을 수 없었지만, 별반 특별히 다른 것이 있는 것은 아니었다. 평범한 일본인이었다. 두 민족은 모습이나 얼굴 모양은 거의 같기 때문에 또는 평범한 조선인이었다고 말하는 게 좋을지도 모르지만, 그러나 강위당 씨는 일본인이었지 조선인은 아니다. 마르고 큰 키, 왠지 초연한 듯한 느낌이 들었으며, 인중이 긴 얼굴이 웃으면 입가와 눈꼬리에 크게 주름이 생겨 그 때문에 너무나도 느낌이 좋은 사람 같았다.

SCENE 2

だが、姜魏堂さんのばあいは、そんな外面の経歴などはどうでもよかった。それより、姜さんにあっては、その生れた故郷の集落と、そのことで背負っているあるものこそが大事なのだった。だいたい、姜魏堂さんがなぜその「姜」

という朝鮮姓の筆名を持っているかといえば、本当は、これこそが姜さんの先祖代々から伝わってきた本姓なのだった。そして姜さんの父姜氏は医者で、この人は、鹿児島では県会の副議長なども勤めたものだったが、さいごまでその姓をまもって、すてようとしなかった。そのためにさまざまな不便、圧迫をもこうむらなくてはならなかったが、死ぬまでそれをまもりとおした。「まもりとおした」といえば、ことばとしては、それではっきりしているし、すっきりもしているが、しかしこれは、容易なことではない。ことに、あとで私もみるような、まだ「薩摩」という意識が濃厚にのこっている鹿児島というところにあっては、それはいっそう、なおさらのことであったにちがいない。

다만, 강위당 씨의 경우, 그러한 외적 경력 등은 아무래도 상관없었다. 그보다 강위당 씨의 경우에는 그 태어난 고향 마을과 그로 인해 짊어지고 있는 그 무언가야말로 중요했다. 애당초 강위당 씨가 왜 그「강」이라고 하는 조선성의 필명을 가지고 있는가 하면, 사실은 이것이야말로 강위당 씨의 조선대대로부터 전해져 온 본성이었던 것이다. 그리고 강위당 씨의 아버지는 의사였고, 이 분은 가고시마현에서는 현의회의 부의장 등도 역임한 경험이 있었기 때문에, 마지막까지 그 성을 지키며 버리려고 하지 않았다. 그 때문에 여러 불편함과 압박을 견뎌내지 않으면 안 됐지만, 죽을 때까지 그것을 지켜냈다.「지켜냈다」라고 하면, 말 자체로만 보면 거침없고 깔끔하지만 그러나 그것은 쉬운 일이 아니다. 이 또한 나는 뒤에서 살펴보듯이, 아직「사츠마」라는 의식이 농후하게 남아 있는 가고시마라고 하는 곳이기에 그것은 한층 더 심각했을 것이다.

SCENE 3

「朝連(在日本朝鮮人連盟)」といえば、私の紹介したそこの日本語新聞の編集部にいたときのことである。私もときどきはそこへ顔をだしたり、そこにはまた別の友人もいたので、仕事をあいだにした姜さんとその友人たちとの関係についても、多少は知っていた。そして私の知っている限りでは、姜魏堂さんとその若い友人たちとのあいだが、必ずしもしっくりいっていたとは思われなかった。姜さんは、新聞ということになると、以前から身につけていた専門家としての意識があり、一方はこれまた、目的意識の急なものたちばかりだったので、それでしょっちゅう議論となったり、ときには互いに気まずくなったりもしていたはずだった。

「조련(재일본조선인연맹) 시대」라고 하면 내가 소개시켜 준 그 일본어 신문의 편집부에 있었을 때이다. 나 역시 가끔 그곳에 얼굴을 내밀기도 하고 그곳에는 또 다른 친구도 있었기 때문에, 업무 관련해서 발생한 강위당 씨와 그 친구들과의 문제에 대해서도 조금은 알고 있었다. 그리고 내가 알고 있는 범위에서는 강위당 씨와 그 젊은 친구들과의 사이가 반드시 잘 맞았다고는 생각하지 않는다. 강위당 씨는 신문이라면 그 이전부터 몸을 담은 전문가로서의 의식이 있고, 반대쪽 역시 목적의식이 급진적인 사람들뿐이었기 때문에 따라서 항상 논쟁을 하거나 때로는 서로 서먹서먹하기도 했을 것이다.

SCENE 4

同時代に金芳仲というものがおり、そしてそのながれは、苗代川焼にたいする竜門司焼としていまもつづいているが、専門家たちのあいだでは、この芳仲と金海とは同一人だという説もあり、また、別人だという説もあるようである。だが、いずれにせよ、この金海は、朝鮮の金海というところから連れてこられたものにちがいなく、そして彼の姓は金であると同時に、その「ボングヮン(本貫)」が「金海」であったにちがいない。「ボングヮン」というのは自身の姓とともに大切にしているものであった。だから、朝鮮ではそういう地名もあって、ちょっと考えられない「金海」という名は、そのことで自己および自民族を保存するという意識のもとに、あとからこの日本でつけたものなのである。三百数十年をへたいまなお、朝鮮人としてのその姓を筆名としている姜魏堂さんのそれとおなじことだ。

동시대에 김방중(金芳仲)이라는 사람이 있는데, 그리고 그러한 흐름 속에서 나에시로가와도자기에 대한 류몬지도자기(竜門司焼)로서 지금도 계속되고 있는데, 전문가들 사이에서는 여기서 말하는 방중과 김해가 동일인이라는 설도 있고 또한 다른 사람이라는 설도 있는 듯하다. 하지만 어쨌든, 이 김해는 조선의 김해라는 곳에서 끌려온 사람임에 틀림없고, 그리고 그의 성은 김인 동시에 그 「본관(本貫)」이 「김해」였음에 틀림없다. 「본관」이라는 것은 자신의 성씨의 발상지를 말하는데, 이것 역시 조선인은 그 성과 함께 소중히 생각하고 있는 것이었다. 따라서, 조선에서는 그러한 지명도 있고 해서 언뜻 생각하기 쉽지 않은 「김해」라는 이름은 이것으로 자신과 자민족을 보존하겠다는 의지로 후일 이곳 일본에서 붙인 것이다. 삼 백 수십 년을 지난 지금까지도 조선인으로서 그 성을 필명으로 하고 있는 강위당 씨의 그것과 같은 것이다.

줄거리

재일조선인 작가 '나'는 신문을 통해서 우연히 연극문화상(수상작은 『신을 두려워하지 않는 사람들(神を畏れぬ人々)』)을 수상한 강위당(姜魏堂)이라는 인물을 알게 되고, 작가 소개를 통해 "나는 삼 백 수 십 년 전에 도요토미 히데요시에 의한 임진왜란·정유재란 때, 조선으로부터 끌려온 사람들의 자손이다"라는 사실을 알게 된다. 쉰 살 가까운 나이의 강위당은 패전 이전부터 희곡을 써 온 사람이며, 현재 국적은 일본이고 본명 역시 일본식 이름이 따로 존재한다. '나'는 자신이 편집위원으로 있는 잡지『민주조선』에 수필 원고를 의뢰하게 되면서 관계를 갖게 되고, 히로시마에서 도쿄로 온 그에게 재일본조선인연맹(조련)의 일본어신문 편집부 일을 소개시켜 주기도 한다. 하지만, 1949년 9월 8일, GHQ의 정책에 의해 조련은 강제 해산되고, 이후 강위당과의 관계도 소원해진다.

이후, '나'는 강위당으로부터 받은 가고시마현 나에시로가와 마을과 관련된 팜플렛을 계기로 그의 고향을 향해 여행을 떠나게 되는데, 첫째 날에는 ≪일본 속 조선문화≫라는 테마의 기록영화를 기획하고 있던 K와 카메라맨 S와 함께 현지에서 정월을 맞이한다. 그리고 둘째 날에는 강위당에게 받은 팜플렛과 본인 지참『일본의 도자기·사츠마』라는 책을 참조하면서, 피로인들이 살아온 역사를 직접 방문하며 체험한다. 셋째 날에는 전날에 합류한 C와 함께 드디어 나에시로가와를 방문하게 되고, 그곳에서 조선인의 이름을 지키며 도자기를 굽고 있는 제14대 심수관을 만나게 된다.

김달수는 실제로 1966년 1월 3일에 제14대 심수관을 방문했고, 소설 속에는 그 때의 모습이 대부분 사실 그대로 그려져 있다. 또한, 조선인 피로인의 후예로 소개되고 있는 강위당 역시 실재로 존재하는 인물이며, 그의 자전『어느 귀화 조선인의 기록』과 대조해 보면, 소설 속 많은 부분이 일치한다는 사실을 알 수 있다.

작품 해설

SCENE 1 서사의 가공성

화자 '나'의 귀화인 강위당에 대한 인식을 살펴보면, '삼백 수 십 년 전에 조선인 자손'에 대해서 겉모습을 포함해서 '일본인'으로 인식하고 있다. 특히, 그가 게이오대학 경제학부를 졸업해서 아사히신문 기자가 되어, 이후 시사일보사로 옮긴 뒤 스트라이크로 해고된 사건, 후일 중국 상하이 조선인 자본 회사에서 일한 경험과 패전 후 일본 귀국, 그리고 이러한 체험을 바탕으로 한 연극 시나리오 작업 등에 대해서도, "그것만이라면 별반 특별한 것도 아니다. 그것이야말로 평범한 일본인, 또는 특정 일본인의 그것과 크게 다르지 않을 것이다"라고 말하고 있듯이, 외모와 국적 측면에서 해석 불가능한 또 다른 가능성을 강조하고 있다.

또한, 소설 속 '나'가 나에시로가와를 방문하게 되는 결정적인 계기를 제공해 준 강위당과의 사실 관계에 대해서 살펴보면, 주인공 '나'의 직업이 작가라는 사실과 조련의 기관지『민주조선』의 편집부에 있었다는 설정은 작가 김달수의 자전적 요소와 일치한다는 점에서, 강위당과의 관계는 사실을 토대로 작품화되었다고 볼 수 있다. 다만, 소설 속에서는 두 사람이 알게 된 과정에 대해서, 신문을 통해서 강위당의 존재를 알게 된 주인공 '나'가 『민주조선』의 원고를 의뢰했고, 이후 편지 왕래와 조련의 일본어 신문 편집부에 소개해 주었다고 기술되어 있다.

그런데 강위당의 『불초의 아이들(不肖の子たち)』(1966년)과 『어느 귀화 조선인의 기록(ある帰化朝鮮人の記録)』(1973년) 등의 자서전을 통해서 『민주조선』에 투고하게 된 경위를 살펴보면, 소설 속에서는 화자 '나' 쪽에서 의뢰한 것으로 되어 있는 반면, 위의 자서전 속에서는 우연히 서점에서 『민주조선』이라는 잡지를 발견하고는 그곳에 '부락의 역사'와 관련된 글을 투고했고, 이후 그것이 계기가 되어 재일조선인 작가 '2, 3명'과 편지 왕래를 시작했다고 되어 있다. 참고로, 소설 속에서는 "내가 편집을 하고 있던 잡지 『민주조선』에 괜찮다면 수필과 같은 글을 써 주지 않겠는가라고 편지를 보내 보았다"라고 되어 있듯이, 화자 '나'가 최초로 부탁한 것은 '수필'이었다. 그런데, 『민주조선』에 최초로 실린 강위당의 글을 살펴보면, 1947년 5월호(10호)에 「항아리장수 고려인(壺屋の高麗人)」이라는 강위당의 고향 나에시로가와의 부락의 역사를 소재로 다룬 소설이다. 동 작품은 '창작', 즉 소설로 분류되어 있듯이, 소설 속에서 '나'가 의뢰한 '수필'과는 다르다. 다만, 강위당이 두 번째 투고한 1948년 4월(19호)에 「열차내의 무언극(列車内の黙劇)」이라는 글을 투고하고 있는데, 이것이 '수필'로 분류되어 있다. 따라서, 소설 속에서 '나'가 강위당에게 의뢰한 '수필'은 「항아리장수 고려인」이라기보다는 「열차내의 무언극」이라고 보는 것이 타당할 것이다.

그렇게 생각하면, 『민주조선』의 편집부에서 일을 했던 김달수가 강위당이 자신의 고향 나에시로가와를 소재로 한 소설 「항아리장수 고려인」을 투고한 사실을 몰랐을 리가 없고, 앞서 강위당의 자서전에서 기술하고 있듯이 「항아리장수 고려인」을 투고한 것이 계기가 되어 김달수와 편지 왕래를 시작하게 됐다고 보는 것이 설득력이 있다. 이와 같은 사실 관계에 주목하면, 소설 속 화자 '나'의 네러티브는 그다지 투명하지 못하다. 뿐만 아니라, 어쩌면 작가 김달수와 소설 속 주인공을 동일시하는 작가론적 작품 읽기는 일정 부분 보류가 필요하며, 오히려 자서전적 요소와의 일치보다는 불일치하는 사실 관계에 초점을 맞추며 서사 구조의 특징을 살펴보는 관점이 필요하다.

SCENE 2 서사의 방향성

소설 『나에시로가와』의 서사는 반복적인 질문과 또 다른 해석 가능성을 암시하는 구조를 통해서, 독자들에게 '일본인' 강위당의 정체성과 재일조선인과의 유사성을 끊임없이 재확인한다. 예를 들면, "〈규슈의 가고시마〉— 나는 일찍이 한 번은 이곳에 와 보고 싶었다. (중략) 내가 처음 이곳에 와보고 싶다고 생각한 것은 언제 쯤부터였을까"라고 스스로에게 질문을 하고는, "나는 17, 8년 전에 강위당 씨를 알게 된 이후부터 이곳 가고시마에 와 보고 싶다고 반 진심으로 생각한 것은 어쩌면 이 팜플렛을 보고 나서부터일지도 모른다. 하지만 그뿐만은 아니다. 그것만이었다면 굳이 동경에서 이렇게 먼 곳까지 올 필요는 없었을 것이다. 그것만은 아니었다"라고 또 다른 방문의 가능성을 암시하고 있듯이, 소설 속 화자 '나'는 나에시로가와를 방문하는 진짜 이유가 무엇인지에 대해서 반복적으로 질문을 던지면서 끊임없이 독자들의 궁금증을 자극한다. 그리고 이와 같은 서사 구조는 위의 인용문과 같이 강위당의 정체성 해석으로 이어진다.

강위당의 아버지는 자녀들에게는 자신과 같은 삶을 살지 않기를 바라며 '두 글자의 새로운 일본성 호적'을 만들어 주고, 또한 마을 밖에서 일본인과의 결혼을 받아들였다. 즉, 강위당 이전까지는 '조선인의 피'가 흐르고 있었던 것이고, 강위당은 자기의 아버지가 소중히 지켜온 성을 필명으로 함으로써 그 의지를 계승하려 했다고 말한다. 달리 말하자면, 동 소설은 강위당이 '태어난 고향 마을과 그로 인해 짊어지고 있는 그 무언가'를 해독하기 위해 '나에시로가와'를 찾아가는 이야기인 동시에, 재일조선인과 임진왜란·정유재란 때 끌려온 조선인 피로인의 후예·강위당의 동일성을 확인하기 위한 여행이라고도 할 수 있다.

예를 들면, 작품 속 조선인 피로인과 재일조선인의 동일성 확인 과정에 대해서는 사츠마와 일본 전체의 차별적인 구조를 강조하면서, "그러한 곳에서 강위당 씨와 심수관 씨가 태어나 자랐다. 그것만이 아니다. 그 속에서 아마 지금은 수 천, 수 만으로 늘어난 그 눈부신 사츠마도자기를 개척한 조선인 도공들의 자손이 태어나 자랐고, 그리고 다른 한편으로는 재일조선인이라는 사람들이 살고 있는 것이다"이라고 말하고 있듯이, 조선인 피로인 및 그 후예와 재일조선인의 피차별적인 환경의 동일성을 확인하려고 한다. 하지만 주의해야 할 점은 이와 같은 동일성을 강조한 나머지, 그 차이점에 대해서는 언급을 최소화하거나 탈문맥화를 시도하고 있다는 사실이다.

SCENE 3 〈조련〉과 역사의 탈문맥화

작품 속에서 화자 '나'는 조련 시대를 가장 즐거웠다고 하는 강위당에 대해서 놀라면서도, 그렇게 생각하는 이유에 대해서 사유하기보다는 오히려 강위당과 재일조선인과의 유사성과 친밀성을 강조한다. 특히, 강위당과 조련의 재일조선인과의 관계에 대해서는 일부 논쟁에 대해서 언급하면서도, 그 결정적인 이유는 신문사 출신 전문가로서의 강위당과 조련이라는 단체 속에서 목적의식만이 앞선 재일조선인과의 신문 편집 방식의 차이로 인해 야기된 사소한 논쟁으로 묘사하고 있다.

물론, 강위당의 자서전『어느 귀화조선인의 기록』에서도 조련시절에 대해서 '보람 있는 일', 개개인의 인간관계를 무시하고 '초월해 있을 수 있는 특정 분위기'가 있었고, 또한 선정적인 기사 제목을 요구하는 재일조선인과 내용에 맞는 기사 제목을 붙여야 한다는 '정치적 인간'과 '신문인'과의 대립이 소개되어 있다. 하지만 주의할 점은 자서전 속에는 이와 같이 조선인 피로인의 후예 강위당과 재일조선인 사이의 '초월' 가능성뿐 아니라, '초월'할 수 없는 '단층'에 대해서도 언급하고 있다. 예를 들면, 강위당은 조련의 기관지『조련중앙시보』의 인쇄를 부탁한 작은 규모의 신문 인쇄소 직공과의 대화에서, 재일조선인의 난폭한 행동을 지적하는 일본인 직공에게는 스스로를 '조선인'이라고 소개하면서 일본 신문의 편협한 재일조선인 보도와 일본인의 가해자성에 대해서 지적한다. 하지만, 신문 기사의 분류 작업과 지면 구성에 대해서 '터무니없이 용감무쌍한 형용사뿐이며 핵심에서 벗어난 감정론에 대해서는 나는 과감히 삭제하여 작게 취급을 한다'는 방침을 둘러싸고 재일조선인과 의견의 불일치를 보인다.

강위당의 자서전 속에서 스스로를 재일조선인이 아닌 '일본인'으로 인식하는 과정을 살펴보면, 단순히 편집 방식의 차이에서 오는 대립에서가 아니라 결정적으로 국가 권력의 상징적 존재인 경찰의 단속 방식 측면에서 강위당 스스로는 재일조선인과는 전혀 다른 경험을 했기 때문이다. 뿐만 아니라, 패전 이전부터 시작된 인쇄 용지 부족으로 신문용지 할당배급제도에 조련의 기관지가 제외되면서 암시장에서 용지를 구입하게 되고, 그 결과 조직의 재정 악화와 이에 따른 급여 지급이 늦어지기 시작하는데, 이러한 상황 속에서도 조직이 자기에게만 가불을 해 준 사실에 대해서도 스스로가 '일본인'이었기 때문에 가능했다고 그 차이점을 인식한다.

또한, 조련은 1949년에 GHQ에 의해 강제 해산을 당하게 되는데, 해산 다음 날에 앞으로는 연락이 중요하다고 하며 '내일 아침 10시, 스이도보사(水道橋) 역 동쪽 출구'에서 만나자고 제안하지만, 아무도 오지 않아 홀로 '고립'되고 만다. 이후, 강위당은 일본인 친구에게 소개를 받아 뉴스 통신사에서 근무하게 되는데, 후일 조련 기관지의 편집장이 변호사 사무소에서 일을 한다는 소식을 듣고 찾아가 왜 본인만을 고립시켰으며 다른 사람들은 무엇을 하고 있는지에 대해서 묻자, 모두 뿔뿔이 헤어졌으며 '생활보호' 대상자가 되어 하루하루를 연명하고 있다는 소식을 듣고, "조선인 세계가 막히면 곧바로 일본인 세계로 말을 갈아탈 수 있는 남자—아니, 갈아탄 남자로서의 자책이 나를 침묵시켰다"이라고 말하고 있듯이, 자서전 속에서는 재일조선인과의 '초월' 불가능성에 대해서 구체적으로 언급하고 있다.

이와 같은 에피소드는 조련과의 관계뿐 아니라, 조련 해체 이후에

일하게 된 재일조선인상공연합회에서 발행하는 월간 기관지의 편집실에서도 일어난다. 편집실에는 편집장과 영업 담당자를 포함해서 세 명이 일을 하게 되는데, 그곳은 조련 때와는 달리 남과 북의 구분이 없는 반면 그 때와 같은 활기 역시 없다. 또한, 강위당은 편집부 및 다른 팀으로부터 철저하게 일본인 취급을 받게 되는데, 집안 사정으로 그만둔 영업 담당자의 후임으로 입사한 대학의 신문학과를 졸업한 청년과 대립한다. 대립의 발단은 강위당이 전화상으로 쓴 기사의 오류를 다음 호에 정정 기사를 내라는 젊은 신입의 태도에 화가 나면서 시작되는데, 주의할 점은 단순히 신문 편집의 기술적인 부분에 그치지 않고 "자기 혼자만 잘난 척하고 있고! 여기는 조선인 세계란 말이야"라고 소외당한다.

강위당이 젊은 영업 담당자와 결정적으로 '초월'할 수 없는 '단층'을 느끼는 이유는 단순히 정정 기사를 요구하는 예의 없는 태도 때문이 아니라, 조련 이후 계속해서 변화하는 재일조선인 세계를 인식했기 때문이다. 즉, 일반적으로 '재일조선인'이라고 하면 메이지 시대 이후부터 1945년 패전 사이에 당시 조선에서 일본으로 건너가 일정 기간 동안 거주한 경험이 있는 사람을 가리키는 용어로, 법률적으로는 일본의 호적법과는 구별되는 민적법의 영향을 받았으며, 일본 내지에 오랜 세월 거주하더라도 내지로 본적지를 옮길 수 없게 된다. 따라서, 재일조선인은 전전부터 일본인들에게 감시와 경계의 대상으로 인식되었고, 해방 이후에도 조련 해산 등을 포함해서 끊임없이 일본 사회에서 배제의 역학에 노출되어 있다는 점에서, 강위당과는 전혀 다른 차별의 논리를 살고 있다고 할 수 있다. 달리 말하자면, 도래인 강위당이 겪고 있는 차별과는 달리, 재일조선인은 전후 일본과 한국, 북한, 그리고 미국과의 관계성 속에서 유동적으로 변화하는 세계에 살고 있고, 그러한 관계성 속에서 끊임없이 정체성을 재구성·재규정해야 하는 재일조선인 세계와의 '초월'할 수 없는 '단층'을 확인했다고 볼 수 있다.

이상과 같이, 강위당의 조련 및 재일조선인 단체와의 관계에 대한 회고를 경유하면서 다시 소설을 살펴보면, 화자 '나'의 강위당과 조련과의 관계에 대한 서사는 문제점이 많다. 즉, 강위당은 조련 시절의 그리움을 강조하면서도 끊임없이 재일조선인과는 동일화할 수 없는 '단층'에 대해서 언급하고 있지만, 작품 속에서는 조련 기관지 편집부에서의 논쟁에 대해서 단순히 신문 편집의 기술적인 차이로 기술하고 있다. 그 뿐만 아니라, 뒤늦게 열어 주는 강위당의 환갑 기념 식사 모임에 참석한 사람들은 모두 조선인뿐이었다고 강조하고 있고, 식사 모임에 참석한 아들을 가리키며 "피는 다툴 수가 없나 봐요"라는 말에, 화자는 '나는 그런 말을 듣고 또한 흠칫했다. "피는 다툴 수가 없나 봐요"라고는 하지만, 그것은 과연 어느 쪽 피란 말인가. 부자로서의 피인가, 민족의 피인가'라고 '조선인'과 그것을 증명해 주는 '피'를 경유하면서 조선인 피로인의 후예 강위당과 재일조선인의 동일성을 확인하려고 한다.

SCENE 4 전통으로 치환되는 〈이름〉

작품 속에서는 작가 김달수의 고대관계사 연구에 대한 방법론적 어프로치가 실천되고 있다고 볼 수 있는데, 예를 들면 화자 '나'는 가고시마의 나에시로가와를 묘사하기 위해 강위당으로부터 직접 받은

1920년대에 등사판으로 제작된『가고시마현히오키군시타이쥬인마을 나에시로가와 연혁』이라는 책과, 1964년 발행『일본의 도자기 · 사츠마』라는 책을 구체적으로 인용하면서, '나는 상상하는데'"그것만은 아니다"'하지만 나는 이렇게 생각한다' 등과 같이 끊임없이 상상력을 이용한 역사의 재구성과 탈문맥화를 시도하면서 강위당의 '고독'과 고향 나에시로가와의 관계성을 추적한다.

먼저, 작품 속에서 화자 '나'는 임진왜란과 정유재란 때에 끌려온 조선인들이 처음 도착한 구시키노(串木野)의 시마비라(島平) 해안을 시작으로, 나에시로가와와 함께 사츠마도자기의 명맥을 잇고 있고 류몬지(竜門司) 가마터를 둘러보고 마지막으로 나에시로가와의 심수관을 찾아가게 되는데, 이와 같은 코스를 따라가면서 사츠마번이 조선인 피로인을 나에시로가와가 아닌 다테노(竪野) 마을에 정주시키려던 계획이 변경된 이유와 도착 이후 5년 동안 나에시로가와로 이주하지 못하고 방치되었던 이유, 그리고 조선인 피로인과 일본인과의 분쟁 및 '심수관'이라고 하는 조선인 이름을 지키며 도자기를 만들고 있는 이유 등에 대해서, 강위당의 '고독'의 실체와 '저항의 의지'를 해독하기 위한 연결고리를 탐색한다.

작품 속에서는 '김해'라고 하는 조선식 이름을 고수하고 있다는 사실을 통해서 조선인 '자신과 자민족을 보존하겠다고 하는 의식', 즉 '저항의 의지'를 읽어내고 있고, 이러한 김해의 의지와 강위당의 필명에 대한 의지를 같은 위상으로 해석하고 있다. 그리고 이와 같은 조선인 피로인의 이름에 대한 해석은 김해뿐만 아니라, 사츠마 번주에게 이름을 하사받은 '박씨세이우에몬'(朴氏清右衛門)이 후일 본래의 이름 '박평의(朴平意)'로 개명한 사실에 대해서, "본래, 조선인은 이러한 성과 이름이란 자신의 몸과 같이 소중한 것으로 여기고 있는 것이다"이라고 말하고 있듯이, 조선식 이름에서 전통의 수호와 조선인 피로인의 '저항의 의지'를 읽어내고 있다.

또한, 화자 '나'의 가고시마 여행이 가능했던 것은 ≪일본 속 조선문화≫라고 하는 기록영화를 기획한 지인으로부터 '그곳에는 심수관씨란 사람이 있는데 아직까지 조선 이름을 지키며 도자기를 굽고 있다고 한다'라고 '조선 이름을 지키며 도자기를 굽고 있'는 심수관을 알았기 때문이다. 하지만 나에시로가와에 정착한 조선인 피로인의 조선식 이름에 대해서는 당시 사츠마번의 조선풍속 유지정책 속에서, 시간의 경과와 함께 일본화되어 가는 조선인을 조선식 이름을 통해서 유지하려고 했던 문맥 속에서 해석할 필요가 있다.

이노우에 가즈에(井上和枝)에 의하면, 사츠마에 연행된 피로인 조선인은 이후 '62년'이 지난 후에는 공양탑에 일본식 이름만을 세길 정도로 일본화되었고, 이후 다음과 같은 4단계를 거쳐 조선식 이름으로 개명했다고 분석하고 있다. 첫째, 공로에 대한 사츠마 번주로부터의 하사이다. 이 경우에는 마을 관리나 번주가 나에시로가와에 왔을 때 묵는 오카리야(御仮屋)의 관리인, 조선통사 및 조선어를 강론하는 사람들에게 조선식 이름을 하사했다. 예를 들면, '세이사에몬(清左衛門)'은 '정용(貞用)', '이쇼사에몬(李庄左衛門)'은 '이관(利官)', '모로사에몬(諸左衛門)'은 '흔위(欣衛)' 등, 주로 번주가 생각하는 조선식 이름을 하사했고 또한 한자의 범위도 한정적이었다.

둘째, 1695년에 참근교대를 위해 나에시로가와에 들른 시마즈 즈나타카(島津綱貴)는 '타로(太郎)·지로(次郎)라고 하는 일본식 이름은 나에시로가와의 풍속에 맞지 않기 때문에 개명'하도록 조선식 이름에 대한 개명 명령이 내려진다. 셋째, 1706년에 마을의 관리가 된 이흔위(李欣衛)에게 조선식 성이 허락되었고, 1721년에는 오카리야와 관리 등에게 조선식 성을 허락하는 등, 관리로서의 격식이 필요한 경우에 특별히 조선식 성이 인정되었다. 그리고 1722년, 이흔위가 스님에게 부탁을 해서 조선식 한 글자 성을 허락받게 되었고, 이후 나에시로가와 주민 전체가 조선식 성을 갖게 된다(「조선인집락 『나에시로가와』의 일본화와 해체」『사츠마 · 조선도공촌의 400년』 이와나미서점, 2014년).

즉, 나에시로가와의 조선식 성과 이름을 가진 조선인은 당시 사츠마 번의 필요에 의해서 만들어진 일본식 조선 이름이며, 뿐만 아니라 시간의 경과에 따라 풍속 및 내면세계가 일본화되어 조선과 달리 결혼한 아내의 성이 남편의 성을 따르기 시작했고, 이성양자 및 사위를 양자로 받아들였다. 또한, 선대의 이름을 계승하는 습명(襲名)와 조선인 피로인이 세운 옥산궁(玉山宮)뿐 아니라, 일상생활에서는 일본의 신사와 절도 함께 신앙의 대상으로 했다고 볼 때, 정신적 측면에서 이중적인 모습이 확인된다.

또한, 시마즈 미츠히사 · 즈나타카 부자는 나에시로가와에 특별한 애착을 가지고 있었으며, 참근교대 때 머무르는 숙소를 이쥬인(伊集院)에서 나에시로가와로 옮길 정도였다. 뿐만 아니라, 1691년에 즈나타카는 나에시로가와에서 3명을 조선인 복장을 해서 에도에 데리고 갔으며, 또한 당시 사츠마의 지배하에 있었던 류큐왕국에 조선인 피로인을 파견해서 도자기를 전승하거나, 류큐의 특산품과 조선의 이국 제품을 에도에 가지고 가서 각 영주와의 교제 때 사용했다고 한다. 즉, 조선식 이름을 포함한 조선 풍속의 유지정책은 단순히 시마즈 번주의 기호를 떠나, 무역적 측면에서 사츠마가 독점하고 있다는 사실을 널리 알리기 위한 정책이었으며, 또한 에도의 각 영주들에게 이국 지배를 어필하기 위한 요소였다는 것을 알 수 있다.

이상과 같이, 사츠마번의 조선풍속 유지정책을 경유하면서 다시 작품 속 조선 이름에 주목해보면, 화자 '나'가 김해 및 박평의라고 하는 조선 이름을 통해서 '저항의 의지'를 읽어내려는 상상력은 어디까지나 현재적 시점에서의 상상력이라고 보지 않을 수 없다. 또한, 심수관의 경우에는 선대의 이름을 계승하는 습명이 당시 조선에는 없는 일본식 제도를 기반으로 한 조선식 이름이라는 점을 생각하면, 단순히 심수관이라는 조선식 이름만으로 '저항의 의지'를 읽어내는 것 또한 무리가 있다. 물론, 근대 이후에는 일본의 호적법에 의해 나에시로가와의 조선인들은 조선인 성 그대로 호적에 기재되어, 조선식 이름 때문에 차별적인 대우를 받게 된다(1872년 임신년에 시행된 호적법, 일명 임신호적에 따라, 나에시로가와의 조선인은 34명이 사족(士族)으로 분류되었고, 1509명이 평민으로 편입되었다). 따라서, 이와 같은 차별적인 사회 구조 속에서 나에시로가와의 조선인들은 편법을 이용해서 일본식 성을 적극적으로 획득하려고 했고, 1925년 시점에는 196세대 중 132세대가 일본식 성, 조선식 성은 64세대이다. 그리고 1940년에는 219세대 881명 중 약 20세대에 해당하는 100명 전후(10퍼센트)만이 조선식 성을 갖고 있었다.

이와 같은 나에시로가와 주민의 일본 성씨 획득 과정을 생각하면, 근대 이후에 만들어진 임신호적에 의해 '향사'에서 '평민'으로 신분이 격하되어 조선식 성 때문에 차별을 받기 시작한 조선인과, 임신호적 시행 이전부터 심수관이라는 습명을 이으며 일정 평가를 받아온 조선식 이름으로부터 '저항의 의지'를 읽어내려는 어프로치와 평가 방법에는 신중할 필요가 있다.

또한, 임신호적 시행 이후에도 조선식 이름을 사용하며 현회의 부의장까지 역임한 강위당의 아버지에게서는 물론 충분히 '저항의 의지'를 읽어낼 수 있지만, 그러한 아버지조차도 "자녀들에게까지 자신과 같은 길을 걷게 하고 싶지는 않았다. 하나는 시대가 그렇게 만든 것도 있을지 모르지만, 그래서 아버지는 그들 자녀들에게만큼은 두 글자의 새로운 일본성 호적을 만들어 주고, 그리고 마을 밖에서 즉 「일본인」과의 혼인을 받아들였다"이라고 되어 있듯이, 자녀들 걱정에 일본식 이름으로 개명한 것 자체를 '저항의 의지'로 해석하는 것은 무리가 있다.

강위당은 스스로 이름을 조선식으로 개명하면서 아버지의 '저항의 의지'를 계승한다고 말하고 있지만, 아버지는 자녀들을 일본식 이름으로 개명한 이후에도 "자신의 출생은 이러이러하다는 것을 확실히 말하고, 그래서 조금이라도 주저하는 기색이 보이면 그런 상대하고는 사귀지 말거라"라고 교육시키고 있는 점을 생각하면, 일본식 이름과는 상관없이 '저항의 의지'는 충분히 계승되고 있다고 볼 수 있다. 그렇게 생각하면, 강위당의 조련시절 역시, '보람 있는 일', 개개인의 인간관계를 무시하고 '초월해 있을 수 있는 특정 분위기'가 있었다고 인식하면서도, 결국에는 아무리 조선식 이름을 사용해도 재일조선인과는 근본적으로 '초월' 불가능한 '단층'의 존재를 확인하고 있다는 점에는 주의할 필요가 있다. 즉, 임진왜란과 정유재란 때 끌려온 조선인 피로인과 임신호적 이후의 조선인 피로인의 후예, 그리고 전후 재일조선인을 조선식 이름만으로 '저항의 의지'를 읽어내게 되면, 각각의 시대가 만들어낸 조선식 이름의 역사적 의미가 탈문맥화되는 것을 물론이고, 각각의 당사자성 역시 사유 불가능해진다고 볼 수 있다.

7. 경계 김달수 『대마도까지』

본장의 요점

대마도는 일본 규슈와 조선반도 사이에 존재하는 섬으로, 현해탄 남단에 위치하는 도서군(島嶼群)이다. 대마도 이외에도 약 100여개의 작은 섬들로 이루어져 있고, 대마도에서 부산까지의 거리는 49.5킬로이며 후쿠오카(福岡)까지는 138킬로이다. 대마도는 1871년 7월에 일본 근대기의 폐번치현으로 이즈하라현(厳原県)으로 편입되었다가, 같은 해 9월에 이마리현(伊万里県, 1872년에 사가현(佐賀県)으로 명칭 변경)으로 편입, 이후 1876년 8월에 지금의 나가사키현으로 관할이 바뀌게 된다(대마도가 시로 승격한 것은 2004년).

또한, 군사적인 측면에서 살펴보면, 러시아와 영국을 비롯한 열강들에 의한 대마도 접근의 위협을 느낀 메이지 일본정부는 국경 최전선인 대마도를 군사 지역으로 요새화하기 시작한다. 일본제국 육군은 1878년에 구마모토(熊本) 사단의 분대를, 그리고 1886년에는 육군 대마도 경비대를 설치한다. 또한, 1896년에 일본제국 해군은 대마도 해역 주변을 방위하기 위한 군항을 위한 공사를 시작했고, 1898년 이후부터 대마도 전체에 포대를 설치한다. 특히, 1904년의 러일전쟁 당시, 일본에게 결정적으로 승리를 안겨준 일본해 해전은 일명 '대마도 전투(Battle of Tsushima)'로 불릴 정도로 대마도는 일본의 군사적 요충지로서의 기능을 해 왔고, 근대 이후 1945년 패전 당시까지 일반인들의 출입이 금지된 닫힌 경계로서의 섬이기도 했다.

이와 같은 근대 이후의 지역적 특성 때문에, 지금까지 한일 양국에서 이루어진 대마도 연구는 시기적으로는 근대 이전의 전근대 및 고대를 중심으로 이루어져 왔다. 특히, 부산과 지리적으로 가까운 거리적 근접성이 강조되면서 조선통신사의 경유지로서의 지역성에 대한 외교적 측면의 연구가 활발히 진행되고 있고, 조선과의 무역을 담당한 역관 등의 경제적인 측면에서의 연구 또한 한일 양국에서 다각적으로 진행되고 있다. 뿐만 아니라, 종교 및 신화, 영토의식, 문물의 전파 등의 한일 문화 교섭사적인 측면에서의 연구가 다양하게 이루어지고 있다.

하지만, 지금까지 한일 양국의 대마도에 대한 연구는 시기적으로는 전근대에 집중되어 있고, 근대 이후 및 전후에는 조선과의 지리적 근접성과 시모노세키 항구와 후쿠오카를 연결하는 경유지 정도로 간주되어 왔다. 특히 전후에 생산된 대마도와 관련된 문화 담론은 한일 문화 교류사적 측면과 문학 영역에서 다양한 이미지가 생산되었음에도 불구하고, 현재 한국뿐 아니라 일본에서도 대마도에 대한 통합적인 연구가 미흡한 상태이다. 특히, 전후 한국인의 일본 밀항의 경우, 대마도는 한일 양국의 경계의 시선이 미치지 못하는 루트로 인식되었고, 1950년대와 1960년대에 한일 양국의 첨예한 정치적 문제로 부상한 이승만라인 문제의 경우, 한국 정부의 나포 및 어업 규제를 피해 한일 밀무역이 성행했던 곳 역시 다름 아닌 대마도였다.

따라서 본장에서는 재일조선인 김달수의 『대마도까지(対馬まで)』(『문예』 1975년 4월호)라는 작품을 중심으로, 대마도라고 하는 경계로서의

섬을 단순히 한국과 일본의 이분법적인 구조에서 포착할 수 없는 다양성을 가진 공간·장소로 재인식하고, 일본의 내부에서 서사되는 중심과 지방이라는 구조에서 설명할 수 없는 한국과 일본이 상호 교차하는 혼종적인 문화접촉지대로서의 가능성을 탐색하고자 한다. 이를 통해, 대마도라고 하는 섬을 그 내부에 모순과 갈등이 공존하는 역사적 장소로 사유하고, 기존의 식민·피식민이라는 사유 방식에서 누락되어 온 혼종적 경계로서의 의미에 대해서 고찰하는 것을 목적으로 한다.

『대마도까지(対馬まで)』

SCENE 1

私たちは、この新聞記事よりさきの菊竹論文をみたときから、もうすでに一つの考えをかためていた。私たちも対馬へ行って実地にそれらを調査し、それを踏まえた座談会をおこなうというもので、座談会はむろん『日本の朝鮮文化』誌のためのものだった。だいたい、丁正文が私財をさいて発行している『日本の朝鮮文化』というのは、以上にみたような対馬とかぎらず、大和の奈良をはじめ、日本じゅうどこにでもみられる古代朝鮮から渡来した文化遺産に新たな照明をあてるというのが、その目的となっていた。そしてこれまで歪んだままとなっている朝鮮と日本との関係史をただすのに資するというものであったが、なかでも創刊号からつづけられている日本の歴史家や考古学者、作家などを中心としたその座談会が一つのよびもののようなものとなっており、これはいままでに二冊の本にまとめられて、別の出版社から刊行されてもいる。

우리들은 이 신문기사보다 이전에 발표된 기쿠타케의 논문을 접한 이후부터, 이미 한 가지 생각을 굳히고 있었다. 우리들도 대마도에 가서 그곳 현지에서 그것들을 조사하고, 이를 토대로 한 좌담회를 열자는 것으로, 좌담회는 물론 잡지 『일본의 조선문화』를 위한 것이었다. 본래, 정정문이 사재를 털어서 발행하고 있는 『일본의 조선문화』라고 하는 잡지는 앞서 살펴본 것과 같이, 대마도뿐만 아니라 야마토의 나라를 시작으로 일본 전국 어디에서나 찾아볼 수 있는 고대 조선으로부터 도래한 문화 유적에 새롭게 조명을 비추는 것이 목적이다. 그리고 지금까지 왜곡된 상태로 계속되고 있는 조선과 일본의 관계사를 바로잡는 것에 이바지하고자 하는 것으로, 특히 창간호 이후 지속되고 있는 일본의 역사가와 고고학자, 그리고 작가 등을 중심으로 한 좌담회가 하나의 이벤트처럼 되어 있고, 이것은 지금까지 두 권의 책으로 정리되어 다른 출판사에서 간행되기도 했다.

SCENE 2

それぞれ故郷は慶尚北道であり、南道であるけれども、徐三淳も李申紀とおなじように一九四五の八・一五、すなわち戦争のおわる直前、前後してこの日本へやって来た留学生だった。東京にいる叔父をたよって来たときの徐は十六歳だったが、いまはその彼もとうに四十をすぎてしまっている。徐三淳は大学では日本文学を専攻し、かたわらいわゆるアルバイトとして、「総連」(在日本朝鮮人総連合会)傘下となっている朝鮮人商工連合会の機関紙の編集にたずさわった。そのために彼は「アカ」とされ、故郷の警察のリストにもその名が登録されて、のこっている家族までが彼とは音信をたたなくてはならなかった。

각자의 고향은 경상북도, 남도이지만 서삼순과 이신기는 같은 시기인 1945년 8월 15일, 즉 전쟁이 끝나기 직전, 그리고 전후해서 여기 일본으로 온 유학생이었다. 도쿄에 있는 작은아버지를 의지해 찾아왔을 때의 서삼순의 나이는 16살이었는데, 지금은 그러한 그도 벌써 마흔을 넘겨 버렸다. 서삼순은 대학에서 일본문학을 전공했고, 그러면서 이른바 아르바이트로 「총련(재일본조선인총연합회)」 산하로 되어 있는 조선인상공연합회에서 발행하는 기관지의 편집 일을 했다. 하지만 그 때문에 그는 「빨갱이」로 낙인이 찍혔고, 고향의 경찰 리스트에도 그 이름이 등록되어 남아 있는 가족들조차도 그와는 연락을 끊을 수밖에 없었다.

SCENE 3

玄海灘をいま日本では玄界灘とも書くようになっているが、しかし私たち在日朝鮮人にとっては玄界灘ではなく、それはあくまでも玄海灘だった。そして私たち在日朝鮮人としては、関釜連絡船とか博釜連絡船とかの思い出とともにあるものだったから、だれにとってもそれは忘れることのできないものであった。気のせいか、それとも対馬沖にさしかかったからか、私たちの乗っている船はかなり揺れはじめたようだった。しかし、玄海灘を渡るときの連絡船のあのローリングにくらべれば、こんな揺れなどもののかずではない。
「ぼくが渡ったときはまだ少年だったし、それにもう数ヵ月後には戦争がおわるというときだったから、そんなでもなかったですが、連絡船ではみんなずいぶんひどい目にあったそうですね」
(中略)
「だから、玄海灘を二、三度往復すれば、それだけでもう、自分が朝鮮人であることを目ざめさせられた、いやでも目ざめさせられずにいられなかったと、さっきいったアレルギーの友人もいっていました」

현해탄을 지금 일본에서는 현계탄으로도 표기하도록 되어 있다고 하는데, 그러나 우리들 재일조선인에게는 현계탄이 아니라 그것은 어디까지나 현해탄이었다. 그리고 우리들 재일조선인들에게는 관부연락선이라든가 박부연락선 등의 기억들과 연결되어 있기 때문에, 그것은 모두에게 잊을 수 없는 일이었다. 기분 탓인지, 아니면 대마도 앞바다에 접어들어서인지 우리들이 탄 배는 심하게 흔들리기 시작했다. 그러나 현해탄을 건널 때의 연락선의 그 롤링과 비교하면, 이 정도의 흔들림 따위 비교할 바가 아니었다.
「내가 건너올 때는 소년이었고, 게다가 불과 몇 개월 후에는 전쟁도 끝날 무렵이었기 때문에 그 정도는 아니었지만, 연락선에서는 모두 아주 혹독한 일을 당했다고 하지요」
(중략)
「따라서, 현해탄을 두세 번 왕복하면 그것만으로도 이미 자신이 조선인이라는 것을 자각하게 되었고, 싫든 좋든 자각할 수밖에 없었다는 사실을 조금 전에 이야기한 알레르기 친구도 말하더군요」

SCENE 4

登りつめた。見えた。次の瞬間、私は声をふりしぼって叫んでいた。
「ボヨッター！ボインダー(見えた！見える！)」
朝日を受けてひろがった目の下の海の向こうにうすら青い高い山々が、しかも前後ろに折り重なって長々と横たわっている。手前は島であろうか、それは遠くもない水平線から飛び出たようになって、ぐっとこちらにせりだしている。つづいて登りついた三人も、それを見た。朝鮮の地、その山々であった。

(中略)
「その対馬から釜山を見ることになるのはいつかと弟がきくから、晴れてくれればこの二十二日の朝になるが、そうでないときは二十三日、または二十四日になるかも知れないといったんです。すると弟もですね、自分もその日は釜山から対馬を見ているから、とこういったのです」
「ああ、そうか。すると弟さんも、きょうは向こうからこちらを見ていたわけだ」
(中略)
どうしてか、私は無性に腹が立ってきてならなかった。何に向かってかはわからなかったが、どこかへ向かってなにかを叫びだしたいような、そんな衝動にかられていた。

끝까지 올랐다. 보였다. 다음 순간, 나는 소리를 쥐어짜며 외치고 있었다.
「보였다! 보인다!」
아침 햇살을 받아 펼쳐진 눈 아래 바다의 저편에 희미한 푸르고 높은 산들이 특히나 앞뒤로 겹겹이 되어 길게 늘어져 있다. 앞쪽은 섬일까, 그것은 멀지 않은 수평선에서 툭 튀어나와 이쪽을 향해 쭉 뻗어나와 있다. 뒤이어 올라온 세 사람도 그것을 보았다. 조선의 땅, 그 산들이었다.
(중략)
「그곳 대마도에서 부산을 보게 되는 게 언제냐고 묻길래, 날씨가 좋아지면 이번 22일 아침이 되겠지만, 그렇지 않을 때에는 23일, 또는 24일이 될지도 모른다고 말했습니다. 그러자 동생도 말이죠, 자기도 그 날은 부산에서 대마도를 보고 있을 거라고 말하는 겁니다」
「아, 그래. 그러면 동생도 오늘은 저쪽에서 이쪽을 보고 있겠군」(중략)
왜일까, 나는 아무 이유없이 화가 치밀어 올랐다. 무엇에 대해서인지는 모르겠지만 어딘가를 향해 무언가를 소리치고 싶은 그러한 충동에 사로잡혔다.

줄거리

주인공 재일조선인 작가 '나'는 대마도에 가면 조선이 보인다고 하는 이야기를 듣고 반신반의하지만, 도쿄에서 열린 '야요이시대전(弥生時代展)'에서 '대마도에서 조선(부산)을 바라보다'라는 설명이 붙은 패널 사진을 보고 걷잡을 수 없는 감동에 사로잡힌다. 이후, 재일조선인 친구 정정문과 이신기와 이야기를 나누고, 정정문이 발행하고 있는 잡지『일본의 조선문화』의 기획으로 대마도를 가게 된다. 또한, 재일조선인뿐 아니라 잡지의 협력자인 일본인 역사가와 작가 등도 함께 대마도에 가기로 하고, 그곳에서 대마도 속의 조선문화에 대한 좌담회를 기획한다. 특히, 재일조선인 서삼순이 미리 부탁한 대마도의 향토사학자를 통해서, 다음 날 부산이 가장 잘 보이는 곳을 안내해 줄 것을 부탁한다. 하지만, 다음 날 아침 부산이 보인다는 수평선은 짙은 구름이 끼어 볼 수 없게 되고, 저녁에 또 다시 부산이 보이는 곳을 찾아가지만 구름은 더욱 짙게 끼어 결국 고국 땅을 보지 못하고 대마도를 떠나 도쿄로 돌아오게 된다.

그로부터 1년 후, 친구 이신기로부터 조선통신사에 대해서 조사하기 위해 대마도에 가고 싶다는 제안을 받고, 주인공 '나'와 정정문 3명은 또 다시 대마도를 찾아간다. 그리고 다음 날 아침, 대마도는 구름 한 점 없이 맑았고, 3명은 부산이 가장 잘 보이는 '센뵤마키산(千俵蒔山)'의 정상에 오르자, 눈앞에 펼쳐진 광경을 보고 "보였다! 보인다!"라고 외치며 이야기는 끝이 난다.

작품 해설

SCENE 1 김달수의 역사 사유방식

한일 고대관계사 연구가로서의 김달수의 역사 사유 방식에 대해서 간단하게 살펴보면, 1970년에 출판된 고대사 연구의 첫 번째 성과물 『일본 속의 조선문화』 속의 작가소개에서 "저자는 일본 각지에 남아 있는 고대 조선문화의 유적지를 실제로 찾아가서 걸으며, 그 유적지를 보면서 전문학자에게서는 찾아볼 수 없는 발상으로 발견과 놀라움 가득한 역사 여행을 시도했습니다"라고 소개되어 있듯이, 김달수는 한일 고대관계사 분야의 '역사학자' '전문학자'로 규정되고 있지는 않다. 물론, 그렇다고 해서 김달수의 고대사 연구가 그의 작가적 상상력에 의한 픽션을 의미하는 것은 아니다. 김달수는 앞서 소개한 책의 서두에서 '나는 한 사람의 문학자이지 결코 역사학자라고 말할 수는 없다'라고 스스로를 역사학자로 규정하고 있지는 않지만, 적어도 종래의 한일 고대관계사 연구에 대해서는 회의적이다. 특히, 일본 연구자에 의해 축척되어 온 '귀화인' 등의 역할에 대한 역사학자들의 전통적인 인식에 대해서는 의문을 제기하고 있는데, 주목할 점은 김달수의 역사 사유 방식이 일본 역사학자들의 연구 방법론 그 자체를 부정하고 있는 것은 아니라는 사실이다. 오히려 김달수의 고대사 연구의 사유 방식은 사료적인 측면에서는 일본의 역사학자 및 고고학자들의 연구에 철저하게 의존하고 있다. 따라서, 역사학자 및 고고학자가 제시하고 있는 사료에 대해서는 오직 단 하나의 의미만을 가지는 실재적인 역사적 사실로 인식하지 않고, 사유 방식의 탈구축 및 상상력을 통해서 새로운 해석이 가능한 유동적이고 탈문맥화가 가능한 사료로 재구성을 시도한다.

예를 들면, 이와 같은 역사의 탈문맥화와 상상력에 의한 사유 방식의 탈구축은 고대사 연구의 효시적 평론으로 평가받고 있는 「조선문화에 대해서」(1968년)에도 이미 시도되고 있다. 동 평론 속에서 김달수는 어느 고미술상에서 싸게 구입한 높이 40센티, 폭 20센티의 이조백자에 주목하면서, 고려시대의 '청'색에서 조선시대의 '백'색으로의 변화에 대해서 역사의 탈문맥화를 시도한다. 특히, 앞서 설명한 바와 같이, 역사의 탈문맥화를 위해 먼저 일본의 민예운동가의 창시자로 평가받고 있는 야나기 무네요시(柳宗悦)의 『조선과 그 예술』(1922년)을 인용하면서, 이조백자의 '청색'에서 '백색'으로의 변화는 수많은 주변국의 침략을 겪어온 조선 '민족이 경험한 고통 많고 의지할 곳 적은 역사적 경험' 때문이며, '백성은 백의를 걸침으로써 영원히 상(喪)을 치르고 있다'라고 하는 역사 인식을 소개한다. 이후, 조선시대로 전환되면서 사상적으로 '유교·주자학'에서 '실학'으로 패러다임이 변화하는 과정 속에서 야나기 무네요시의 역사 사유에 일정 부분 타당성을 인정하면서도, '백색'으로의 변화를 소극적인 '상(喪)'으로 보지 않고 주체적인 '의지의 상징'으로 재해석한다. 또한, 동시대의 이조 문학에 대해서도 '민족이 경험한 고통 많고 의지할 곳 적은 역사적 경험'에 의한 수동적인 문학으로 인식하기보다는, 동 문학 속에서 '대범함'과 '유머'적 요소를 도출해 내면서 동시대의 역경을 '뚫고' 나오는 '불멸''의지'의 문학으로 재규정한다.

작품 속, 화자 '나'의 대마도 인식을 살펴보면, '나'는 약 1200년 전의 조선과 일본과의 관계를 말해 주는 '불상'과 '고신'을 토대로 한일 고대사의 교류 루트를 탐색하고 있는데, 주의할 점은 화자인 '나'는 조선에서 대마도로의 문화 전파에는 주목하고 있지만 일본에서 조선으로의 문화 전파 및 두 문화의 교섭이 만들어내는 혼종성에 대해서는 사유하려 하지 않는다. 특히, '나'를 포함한 재일조선인 문화인이 중심이 되어 발행하고 있는 잡지『일본의 조선문화』의 목적에 대해서, "대마도뿐만 아니라 야마토의 나라를 시작으로 일본 전국 어디에서나 찾아볼 수 있는 고대 조선으로부터 도래한 문화 유적에 대해서 새롭게 재조명하는 것이 목적"이며, "지금까지 왜곡된 상태로 지속되고 있는 조선과 일본의 관계사를 바로잡는 데 이바지하는 것"이라고 말하고 있듯이, 조선과 일본의 관계사를 바로잡기 위한 수단으로 역사라고 하는 학문이 이용되고 있지만, 조선의 문화가 '일본 전국 어디에서나 찾아볼 수 있'을 정도로 분포되어 있다는 점을 강조한 나머지, 결과적으로 조선 문화의 우수성과 문화 전파의 방향성을 규정하고 있다.

SCENE 2 일본 도항의 프로세스

소설 속에서는 조선 문화 전파의 방향성을 강조하면서 재일조선인이 일본으로 건너온 루트를 오버랩시키고 있다. 재일조선인이 일본으로 도항하는 루트에 주목해보면, '나'와 서삼순, 그리고 이신기 모두 일본 유학을 위해 건너왔다고 말하고 있듯이, 강제징용 등의 이유로 강제적으로 일본에 끌려온 식민과 피식민의 일제강점기 서사와는 다르다는 사실을 알 수 있다. 즉, "하나의 국가로서 독립할 것 같았던 조선은 미소라고 하는 두 세력에 의해 분단되었고, 그때까지는 예상하지 못했던 국제정치의 소용돌이에 휘말렸다. 나와 정정문, 그리고 이신기는 물론, 이른바 재일조선인 97% 이상이 고향을 둔 남조선 한국은 처음에는 미국 세력의 힘을 받아 이승만 독재정권이었지만, 그것이 쓰러지자 이번에는 미국과 함께 부활한 일본의 구세력의 도움을 받은 박정희 군사독재정권이 되었다. (중략)외래 세력의 도움을 받은 독재정권으로부터는 배제당할 수밖에 없었다"라고 말하고 있듯이, 재일조선인의 일본 도항 프로세스 및 전후 식민유재로 남아 있는 재일조선인에 대해서 미소 등의 냉전이라고 하는 국제 관계 속에서 파악하고 있고, 현재의 한국 정권에 대한 인식 역시 미국을 중심으로 한 냉전의 역학 속에서 가동되고 있는 정치 체제로 파악하고 있다.

SCENE 3 재생산되는 경계짓기

작품 속 재일조선인 서사는 조선에서 대마도로 전파된 역사적·문화적 루트가 강조되면서, 식민과 피식민의 이분법적인 서사로 슬라이드해 간다. 예를 들면, "사상 조사를 말하는 거지. 혹독한 일이고 뭐고 생각하는 것만으로도 싫지만, 하지만 반면교사로 생각해보면 그 덕분에 자각한 부분도 상당히 많아. 나는 계속해서 일본에 자란 탓인지 아무 생각없이 지냈고, 전쟁 당시에도 여러 형태의 독립운동이나 혁명운동이 있다고 하는 점, 있는 것 같다 라고 하는 표현이 좋을까, 그것을 알려 준 것도 사상 조사를 위해 이동하는 형사에 의해서였지"라고 말하고 있듯이, 작품 속에 등장하는 피차별을 환기시키는 '관부연락선'과 '박부연락선', 그리고 '사상조사''형사''반항적 눈빛''구타당했다' 등의 단어를 통해서, 화자 '나'는 냉전구조 속에서 전전에 구획된 경계선에 대해 다시 긋기를 시도하면서도 식민과 피식민, 차별과 피차별의 구조 속에서 과거 일제강점기의 기억들을 환기시킴으로써, 독자들에게는 또 다시 심상의 경계를 재구획하게 한다.

또한, 두 번째 대마도를 방문한 일행은 부산이 가장 잘 보이는 센뵤마키산 근처인 사스나(佐須奈)에 여관을 잡게 되는데, 이곳은 단지 센뵤마키산과 최단 거리의 장소라는 이유뿐 아니라 과거 에도시대에 조선통신사가 상륙했던 장소라는 사실을 알게 된다. 또한, '돌담 등이 조선을 연상케 하는 이즈하라의 마을'이라고 말하면서 조선과의 문화 접촉지대로서 대마도를 인식하려고 하면서도, 을사보호조약 당시에 의병활동으로 체포되어 대마도에서 유배생활을 한 조선의 충신 최익현에 대해서, "유배된 신분으로 죽음을 맞이하면서 다름 아닌 날카로운 기백이 아닐 수 없다. 즉, 최익현은 이렇게 해서 「도적의 손으로 만들어 주는」 음식물을 스스로 거부하고, 결국 단식을 하며 죽음을 맞이한 것이다. 「먼 고대의 일이라면 둘째 치고 시대적으로 가까운 시기에는 여기 대마도라는 지역도 원한이 가득한 곳이군요」라고 정정문은 차를 운전하며 언덕을 내려가면서 말했다. 「우리들 재일조선인은 이른바 그러한 원한의 사생아와 같은 것이지」"라고 말하고 있듯이, 일본의 강압적인 을사보호조약으로 희생된 충신으로서의 최익현을 소개하고 있다. 뿐만 아니라, 일본을 '도적'으로 규정하고 있는 반면, 재일조선인 스스로에 대해서는 최익현의 원한이 깃든 '사생아'라고 스스로를 자기 구축하고 있다는 점에서, 동 작품은 식민과 피식민, 지배와 피지배의 서사 구조를 재구축하고자 했던 작가의 의도와는 달리, 오히려 이와 같은 이분법적인 구조를 보강하면서 경계짓기를 강화시키고 있다.

SCENE 4 재일조선인의 '조국' 방문

2017년 8월 15일, 문재인 대통령은 광복절 경축사에서 "재일동포의 경우 국적을 불문하고 인도주의적 차원에서 고향 방문을 정상화할 것"이라고 밝히고 있고, 같은 해 12월 22일 이낙연 국무총리 주재로 열린 제18차 재외동포정책위원회에서 조선적 재일조선인이 한국을 입국하려면 반드시 지참해야 하는 여행증명서의 발급 조건을 개선하겠다는 방침을 내놓았다. 일본에서 발급되는 신분증명서류에는 국적란과 지역란이 따로 존재하는데, 국적란에 표기하지 않고 지역란에 조선으로 표기하는 사람들이 다름 아닌 조선적 재일조선인이다. 여기서 말하는 조선적이란 국적 그 자체를 의미하지 않고, 어디까지나 재일조선인의 뿌리가 조선에서 일본으로 건너왔음을 강조하는 기호에 불과하다.

또한, 한국국적을 취득하지 않은 재일조선인이 한국에 입국하려면 반드시 일본 소재 영사관에 여행증명서 발급을 신청해야 하는데, 노무현 정부 때인 2007년 여행증명서 발급 건수는 100%였던 반면, 보수정권이었던 이명박·박근혜 정부 당시에는 한국국적을 취득하지 않는 동포는 북한과 연계되어 있을 가능성이 높다는 이유로 불과 24건(발급률 34.6%)에 그쳤다(2018년 1월 12일, 외교부는 특별한 문제가 없는 한 외교관들이 발급을 거부할 수 없도록 개정 민원처리 지침을 하달).

재일조선인 국적의 역사적 측면을 살펴보면, 조선적이란 1952년 4월에 발효된 샌프란시스코강화조약에 의해 일본 국적이 박탈당한 재일조선인 중, 지금까지 한국국적을 취득하지 않고, 또한 일본으로 귀화하지 않은 채, 일본의 출입국관리법상의 국적이 조선으로 남아 있는 동포를 의미한다(일본에서는 무국적 취급).

이와 같은 기호로서의 '조선적'은 냉전과 1965년의 한일국교 수립에 따라 실제적인 국가를 가리키는 의미가 부여되기도 했으며, 1975년에는 민단 주도하에 〈모국 방문단〉을 결성하여 재일조선인의 한국 방문을 정치적으로 이용했고, 조총련 역시 1979년부터 〈단기 조국 방문단〉을 결성해서 재일조선인을 북한으로 포섭하려 했다. 이상과 같은 재일조선인의 국적이 가지는 역사적 의미와 조국 방문의 정치성에 주목하면, 소설 『대마도까지』에 대한 다음과 같은 서평에는 주의가 필요하다.

> (시간이)긴 사람에게는 50년, 짧은 사람이라 할지라도 30년에 걸쳐 단 한 번도 고향 조선의 땅을 밟지 못하고 있는 3명의 재일조선인이 「대마도까지」 가는 이야기이다. 일본인이라면 갈 수 있는 한국에 그들은 갈 수가 없다. (중략)첫 번째 대마도행은 6, 7명이 함께 갔다. (중략)가슴 설레하며 눈물을 닦으며 바라다보는 조선은 잔뜩 구름이 끼어 결국 육지의 모습은 보이지 않았다. 다음 해 가을, 이번에는 단 3명만이 두 번째 대마도 여행을 기획한다. (중략)다음 날 새벽, 날씨는 쾌청. 해발 270여 미터의 산을 정신없이 기어오른다. 이 부분까지 읽었을 때, 나는 나도 모르게 눈물이 밀려오는 것을 느꼈다. 잘됐다, 정말로 잘됐다, 라고 느끼는 것은 독자로서의 나의 실감이었다.(문예시평 「대마도까지」 『대마도까지』 커버문에 재수록, 1979년)

신문의 문예시평을 통해서 작품이 소개된다는 것은 소설의 대중적인 인기는 물론, 평론가에 의해 작품에 대한 독서의 방향성이 제시되는 경우가 많다는 점을 생각하면, 위의 문예시평은 일본인에게는 가능한 한국행이 재일조선인들에게는 불가능한 현실에서 오는 불합리성에 초점을 맞추고 있다. 하지만 위의 오오카 마코토(大岡信)의 문예 시평에는 재일조선인 모두가 한국에 갈 수 없는 것은 아니라는 사실에 대해서는 언급을 피하고 있다는 점에서 재일조선인의 현실에 대한 왜곡된 인식이 재생산되고 있다고도 할 수 있는데, 중요한 점은 이와 같이 정치적 희생자로서의 재일조선인을 중심으로 소개되는 동 작품은 결과적으로 김달수의 한일 고대관계사 연구가로서의 측면을 배제시킨다. 달리 말하자면, 동 작품 속에는 디아스포라로서의 소설가적 측면과 한일 고대관계사 연구가로서의 측면이 혼재되어 있음에도 불구하고, 디아스포라로서의 소설가적 측면에 방점을 찍고 있는 나머지 작품 속에 등장하는 한일 고대관계사에 대한 인식에 대해서는 자연스럽게 고찰의 대상에서 제외되고 있다.

소설『대마도까지』가 발표된 이후, 조선적의 김달수는 1981년 3월 20일부터 27일까지『계간 삼천리』의 편집위원 강재언·이진희와 함께, 전두환 정권 하에서 사형을 선고 받은 재일조선인 사상범에 대한 석방을 부탁하기 위해 한국을 방문하게 된다. 그리고 이 사건 이후, 김달수는 작가 김석범과 김시종 등을 비롯한 많은 재일조선인 및 일본인으로부터 비판을 받게 된다는 점을 생각하면, 재일조선인의 기호로서의 국적이 한국에서는 경계를 재확인하는 실존적 경계선으로 작용했다는 사실을 알 수 있다.

3부

기록의 다양화와 기억의 재구성

8. 천황 미야모토 데루 『역도산 동생』

본장의 요점

미야모토 데루의 단편소설은 기술적인 메커니즘 측면에서 특정한 장소나 소도구, 또는 특정 존재 등 상징성이 강한 '기호'를 작품의 곳곳에 배치해서, 이야기를 해독하는 키워드로 사용하는 작가로 유명하다. 달리 말하자면, 소설 속의 '기호'를 통해 단순한 과거의 '회상'이 아닌, 현재 소설을 읽고 있는 독자들에게 끊임없이 동시대의 '의미'를 묻게 한다.

그렇게 볼 때, 단편『역도산 동생』은 '역도산'이라고 하는 전후를 상징하는 강한 기호성은 물론이고, 동 작품이 잡지에 게재된 시기 역시 중요한 해석의 포인트가 된다. 시기적으로 보면 동 소설은 1989년 3월호에 발표된 소설이지만,『역도산 동생』의 집필 시기 및 출판사 입고 시기를 역산해 보면, 빠르면 2월 초나 1월, 또는 1988년 연말이라고 보는 것이 타당하다. 또한 동 소설은 현재의 '나'가 초등학교 5학년 11월, 즉 '쇼와33년(1958년)' 11월에 일어난 사건을 회상하는 구도를 취하고 있는데, 아버지의 유품 속에서 발견한 역도산분말을 아버지가 보관한 기간이 '10년', 그리고 '나'가 보관한 기간이 '20년'이라고 표기되어 있는 점을 고려할 때, 1958년부터 30년이 지난 지금은 1988년 11월이 된다. 즉, 1989년 3월호에 실린 동 소설을 읽는 독자는 1988년 11

월의 현재의 '나'가 30년 전의 사건을 회상하는 이야기로 읽고 있는 것이다.

1988년 11월은 같은 해 9월 19일에 쇼와천황(한국에서는 '일왕'이라고 부름. 본장에서는 일본에서 출판된 서적을 중심으로 고찰하는 관계로 편의상 '천황'으로 표기)의 병이 위독하다고 공표되어 일본 국내에서는 일련의 자숙 분위기가 조성되고 있었던 시기이기도 하고, 또한 다음 해 초의 쇼와천황 사망과 신천황의 즉위가 각종 미디어를 통해 전해지면서 일본 국민의 관심이 일제히 천황 및 천황제에 쏠린 시기이기도 하다.

본장에서는 미야모토 데루의 소설 『역도산 동생』(『소설신조』 1989년 3월, 임시증간호)을 쇼와천황이 사망한 1989년 1월 전후의 천황 및 천황제를 둘러싼 문제와 상호 교섭적으로 비교·분석하고, 또한 현재까지도 일본의 패전과 미국에 대한 콤플렉스를 치유해 준 이른바 패전과 부흥의 아이콘으로 소비되고 있는 역도산 상식론을 재고하는 것을 그 목적으로 한다.

작가 소개

미야모토 데루(宮本輝, 1947~)

미야모토 데루는 1947년에 고베시(神戸市)에서 태어난 이른바 베이비붐 세대이며, 당시 48살이었던 아버지의 외동아들로 태어나 많은 사랑을 받으며 자라게 된다. 1966년, 1년 재수 후에 오사카에 신설된 오테몬학원대학(追手門学院大学) 문학부에 입학, 졸업 후에는 산케이광고회사에서 카피라이터로 근무하지만, 20대 중반부터 불안신경증을 앓기 시작한다.

회사 생활에 불안감을 느끼기 시작하던 어느 날, 귀가 길에 비를 피하려 들어간 서점에서 우연히 읽은 유명 작가의 소설에 환멸을 느끼고, 어린 시절부터 독서광이었던 미야모토 데루는 본인이라면 조금 더 재미있는 소설을 쓸 수 있다고 생각하고 퇴사를 결심하게 된다. 그 무렵, 지인을 통해서 알게 된 작가이자 편집자 이케가미 기이치(池上義一, 미야모토 데루의 펜네임을 지어준 사람)로부터 본격적인 작가 지도를 받는다.

1977년, 자신의 어린 시절을 모티프로 한 『진흙탕 강(泥の河)』으로 제13회 다자이오사무상을 수상하면서 데뷔, 다음 해인 1978년에는 『반딧불 강(螢川)』으로 제78회 아쿠타가와상을 수상하면서 작가로서의 지위를 확립한다. 이후, 폐결핵으로 인한 건강 악화로 작품 활동을 쉬며 요양하기도 했지만, 오랜 기간 동안 아쿠타가와상과 미시마유키오상 심사위원을 두루 역임한 일본의 대표 작가이기도 하다.

미야모토 데루의 작품은 이른바 그의 원점이라고 할 수 있는 〈강 3부작〉(1977년의 『진흙탕 강』, 1978년의 『반딧불 강』, 1981년의 『도톤보리천』)이 대표적이듯이, 서민적 장소가 많은 것이 특징이다. 특히, 작품 속 등장인물은 검소하지만 소소한 기쁨을 느끼며 하루하루를 살아가는 사람들이 많고, 그들을 통해 때로는 흉악하고 욕망에 노출된 삶, 그리고 폭력과 성을 서정적으로 그려내고 있다.

『역도산 동생(力道山の弟)』

SCENE 1

私の手元に＜力道粉末＞とゴム印を捺された小さな紙袋がある。(中略)私は、その袋を、一冊の詩集に挟み込んだまま、二十年間、本棚の隅に保存してきた。しかし、いま、ひとりの人間の幸福な門出を目前に控え、私は、どうでもいいような過去を抹殺するために、この薄っぺらい一枚の袋に火をつけ、灰皿の中で焼いてしまうことにする。あの日の、父のあらぶる心と悲哀にそっと手をそえて、
「お父ちゃん、悦ちゃんがあした結婚するんや。相手は、神戸で寿司屋をやってる男やけど、結婚する前から、もう悦ちゃんの尻に敷かれとるわ」
と言いながら。それにしても、どうして父は、この一枚の袋を捨てずに、大切に取っておいたりしたのだろう……。

나의 손에는 〈역도산분말〉이라고 고무도장이 찍힌 작은 종이봉투가 있다. (중략)나는 그 봉투를 한권의 시집에 끼워둔 채, 20년 간 책장 구석에 보관해 왔다. 그러나 지금 한 사람의 행복한 출발을 눈앞에 두고, 나는 아무 의미 없는 과거를 말살하기 위해서, 이 얇디얇은 한 장의 봉투에 불을 붙여 재떨이 속에서 태워버리기로 했다. 그 날의 아버지의 거칠었던 마음과 비애에 살며시 손을 얹고, “아버지, 엣짱이 내일 결혼해. 상대는 고베에서 초밥가게를 하는 남자인데, 결혼하기 전부터 벌써 엣짱 엉덩이에 깔려 지내”라고 하면서. 그건 그렇고 어째서 아버지는 이 한 장의 봉투를 버리지 않고, 소중하게 간직하고 있었던 것일까…….

SCENE 2

男は、力道山に生き写しだった。私は、テレビで観た力道山の顔を頭に描きつつ、男を見つめた。男は、自分を取り囲んだ人々の数を確かめてから、煉瓦を空手チョップで割った。そして、ふんと鼻を鳴らし、割れた煉瓦をいまいましそうに足で蹴った。力道山そっくりやけん、とか、力道山がなんでこんなとこにおるねん、とかの声が、あちこちで起った。
「いかにも、私は力道山の弟です」
男は、幾分顔を伏せ、そう言ったあと、
「私はプロレスの厳しい練習に耐えられず、兄のもとから逃げだして、こうやって大道芸に身をやつした」
とつぶやいて泣いた。ざわめきが、広場に集まった人々の口から洩れた。私は、体が熱くなった。力道山の弟が、いまここにいるということに興奮したのだった。

남자는 역도산을 쏙 빼닮았다. 나는 텔레비전에서 본 역도산의 얼굴을 머릿속에 그리면서 남자를 바라봤다. 남자는 자신을 에워싸고 있는 사람들의 수를 확인하고 나서 벽돌을 가라테 촙으로 격파했다. 그리고 흥하고 콧바람을 내더니 두 동강 난 벽돌을 화가 난 듯 발로 걷어찼다. 역도산하고 똑같아 라든가 역도산이 왜 이런 곳에 있는 거야 라는 소리가 여기저기서 들려왔다.
「당연, 저는 역도산 동생입니다」
남자는 살짝 고개를 숙이고는 그렇게 말한 후에,
「나는 프로레슬링의 힘든 훈련을 버티지 못하고, 형 밑에서 도망쳐 나와 이렇게 길거리에서 기예를 부리는 몸이 되었다」
라고 힘없이 말하고는 울기 시작했다. 웅성거림이 광장에 모인 사람들의 입을 통해서 새어나왔다. 나는 몸이 뜨거워졌다. 역도산 동생이 지금 여기에 있다는 사실에 흥분한 것이다.

SCENE 3

私の知っているかぎりにおいて、あの力道山の弟は、尼崎の駅前広場にも、喜代ちゃんの店にも、二度と姿をあらわさなかった。そして、喜代ちゃんは身ごもったのだった。それがわかったとき、父は喜代ちゃんの店の麻雀台を叩きつぶし、麻雀牌を喜代ちゃんの体に、つぶてのようにぶつけ、長椅子を持ちあげて、入口の扉や壁や帳場をこわした。通りかかった人のしらせで警官が駆けつけ、父は連れて行かれた。私は、阪神国道を挟んだ向かい側の電柱に隠れて、父が暴れている姿と、無抵抗なまま泣いている喜代ちゃんを見ていた。電車とバスがひっきりなしに通り、遠くには、ガスを貯蔵する巨大な円型のタンクが、冬の日に照らされているのを、私は寂しい風景として感じた。

내가 알고 있는 한, 역도산 동생은 아마가사키 역앞 광장과 기요 아주머니 가게에도 두 번 다시 모습을 드러내지 않았다. 그리고 기요 아주머니는 임신했다. 그 사실을 안 순간, 아버지는 기요 아주머니 가게의 마작대를 때려 부수고, 마작 패를 기요 아주머니 몸에 돌맹이를 던지듯이 날리고는 긴의자를 들어올려 입구 문과 벽, 카운터를 부셨다. 지나가는 사람의 신고로 경찰이 달려와 아버지를 연행해 갔다. 나는 한신국도를 사이에 두고 길 건너편 전봇대에 숨어서, 아버지가 난동을 부리는 모습과 저항 없이 울고 있는 기요 아줌마를 지켜봤다. 전철과 버스가 끊임없이 지나가고 멀리에는 가스를 저장하는 거대한 원형 탱크가 겨울 햇살에 반사되고 있는 것을 나는 쓸쓸한 풍경으로 느꼈다.

SCENE 4

悦子は、広場にいると、ガスの貯蔵タンクが見えないので嬉しいと私に言った。どうして嬉しいのかと訊いても、悦子はその理由を上手に言葉にはできなかった。
「ぼくも、あのでっかい丸いタンクが嫌いや」
「なんで？」
「あれを見てたら、寂しいなんねん」
悦子はしばらく考え込み、
「うちも寂しいなんねん」
と言った。

에츠코는 광장에 있으면 가스 저장 탱크가 보이지 않아서 기쁘다고 내게 말했다. 어째서 기쁘냐고 물어도 에츠코는 그 이유를 말로는 잘 표현하지 못했다.
「나도 저 큰 둥그런 탱크가 싫어」
「왜?」
「저것을 보고 있으면 쓸쓸해져」
에츠코는 잠깐 생각을 하고는,
「나도 쓸쓸해져」
라고 말했다.

줄거리

소설『역도산 동생』은 전후세대(베이비붐 세대)의 '나'의 과거와 전쟁세대인 아버지의 과거가 현재의 '나'의 시점을 통해 회상·재해석되는 구도를 취하고 있다. 1988년 현재의 '나'는 아버지의 '유품' 속에서 발견한 '역도산분말(力道粉末)' 봉투를 계기로 1958년 11월에 있었던 사건, 즉 '나'가 초등학교 5학년 때 길거리에서 기예를 보여주며 비약을 파는 '역도산을 쏙 빼닮'은 역도산 동생을 사칭하는 약장수 남자에게서 역도산분말을 구입하게 된다. 하지만 역도산과 같은 파워를 기대했던 역도산분말은 오히려 '맹렬한 설사'만을 초래했고, 이러한 '나'의 에피소드는 '역도산'을 매개물로 하여 전쟁세대인 아버지의 다음과 같은 과거와 링크된다.

전전에 중국과의 무역업을 하고 있었던 아버지에게는 '고만수'라고 하는 고베에 무역 사무실을 갖고 있었던 중국인 친구가 있었는데, 그는 아버지의 중재로 일본인 여성과 결혼하게 된다(혼인신고는 하지 않은 현재의 사실혼). 하지만 중일전쟁의 발발로 고만수는 중국으로 돌아가게 되고, 고만수의 아내 이치다 기요(市田喜代)는 아버지의 도움으로 마작가게를 개업하게 된다. 그리고 이 마작가게에 '나'에게 역도산분말을 판 역도산 동생을 사칭하는 약장수가 나타나 우연히도 고만수의 아내와 관계를 갖는다. 그 결과, 아버지는 이치다 기요의 행동을 도무지 이해할 수 없다며 화를 내고 두 번 다시 그녀를 만나는 일 없이 세상을 떠난다. 소설은 '나'가 이치다 기요의 딸 에츠코(悦子)의 결혼을 앞둔 현재, 아버지의 유품 속에서 발견한 역도산분말 봉투를 계기로 아버지의 과거를 회상하면서 이야기가 시작된다.

작품 해설

SCENE 1 쇼와천황 사망과 세대론

소설『역도산 동생』은 왜 '아버지는 이 한 장의 봉투를 버리지 않고, 소중하게 간직하고 있었던 것일까'라고 하는 의문을 해독하기 위해서 이야기가 전개되는데, 소설 속에 등장하는 전쟁세대와 전후세대, 중국과 일본, 아버지의 죽음과 다음 세대의 출발, 과거의 회상과 재해석 등의 키워드는 동시대의 천황을 둘러싼 다음과 같은 단어들과 그 접점을 쉽게 확인할 수 있다. 예를 들면, 〈천황관에는 세대차〉, 〈과잉 세대·무관심 세대〉, 〈천황폐하의 붕어〉, 〈「헤세」 내일부터〉, 〈「전쟁책임」 둘러싼 내외 낙차〉, 〈지금, 역사를 재검토할 때〉 등 아사히신문의 머리말 기사 제목을 나열하는 것만으로도 소설과 동시대의 천황을 둘러싼 문맥이 중층적으로 교차하고 있음을 알 수 있다. 즉, 동시대의 독자는 소설 속의 '나'의 아버지의 죽음과 쇼와천황의 사망을 연관 짓고, 세대가 다른 에츠코의 결혼은 헤세천황의 즉위, 그리고 중일전쟁으로 중국으로 돌아갈 수밖에 없었던 고만수의 이야기는 중국을 비롯한 일본 국외에서 대두되는 일본의 전쟁책임론, 또한 이에 따른 역사의 재검토는 아버지의 과거를 재해석하려는 현재의 '나'의 포지션과 일치한다고 볼 수 있다.

물론 소설『역도산 동생』속에는 직접적으로 '천황' 또는 '천황제'를 연상시키는 그 어떤 표상도 등장하지 않는다. 하지만 쇼와천황 사망을 전후로 천황에 대해서, 특히 전쟁책임론에 대해서 구체적으로 언급하는 개인이나 단체에 대해서는 어떠한 위험이 처해지는지에 대해서 워싱턴포스트 신문조차도 다음과 같은 우려의 목소리를 전하고 있다.

> 19일짜 미국신문 워싱턴포스트는 일본특파원을 통해 일본에서는 천황의 사망 후, 우익 과격파에 의한 협박 등으로「천황제를 둘러싼 논의가 억압 받고 있다」라고 보도했다. 동 신문은 그 속에서 ①천황제 반대 데모에 참가한 25세 요코하마에 거주하는 청년이「안녕, 히로히토」라고 쓴 전단지를 붙이려는 찰나에 체포되었다. ②천황제 문제를 제창한 대학 교수나 역사가 단체의 대표가 한밤중에 협박전화를 받았다. ③다케시타 수상에게 우익이 자른 새끼손가락이 전달되었다. ④모토시마 나가사키 시장의 천황 전쟁책임 발언에 대해서 우익의 괴롭힘 등을 전했다.(「천황제를 둘러싼 논의—억압 받는 일본」『하사히신문』 1989년 1월 20일)

천황의 전쟁책임론을 거론하는 당사자뿐만 아니라, 〈각오해라, 가족도 같은 죄〉라는 기사 제목만으로도 알 수 있듯이, 가족까지도 협박과 위협의 대상이 되는 동시대에 있어서 '천황'을 직접적으로 소설 속에 등장시키는 것은 그렇게 쉬운 일은 아니었음을 짐작할 수 있다. 그렇게 생각할 때, 소설 속에 '천황'을 등장시키지 않고, '역도산'이라고 하는 기호성이 강한 전후의 아이콘을 등장시킨 것은 납득이 간다.

패전 이후, 역도산은 일본 국민들에게 꿈과 희망, 그리고 용기와 감동을 준 스포츠 선수로 천황 다음으로 유명했고, 따라서 미군 점령군에게 상실된 '남성성'을 회복하기 위해 조선인 프로레슬러 역도산을 적극적으로 전후 일본의 국민적 영웅으로 포섭시켜 갔다. 즉, 천황 다음으로 유명했던 역도산은 일본인의 전후문제를 검증하는 측면에 있어서는 그 어떤 사람보다도 상징성과 기호성이 강한 인물이었고, 또한 문맥에 따라서는 천황을 끊임없이 연상시키는 아이콘이라고도 할 수 있다.

이와 같은 관점에서 보면, 소설 속에서 '역도산 동생'을 사칭하는 동일 약장수를 둘러싸고, '나'와 아버지의 서로 다른 체험이 기술되는 점은 시사하는 바가 크다. 왜냐하면, 쇼와천황의 사망 전후에 부각된 문제 중의 하나는 천황 및 천황제에 대한 세대 간 인식의 격차였기 때문이다. 에하라 미유키(江原由美子)는 전쟁세대를 '감개형', 30대와 40대의 전후세대를 '실무형', 그리고 10대와 20대의 젊은 세대를 '해방감형'이라고 분류하면서 천황제를 분석하기 위해서는 단순히 '권력 시스템'을 고발하는 것에는 그다지 의미가 없고, 중요한 것은 '"천황 개인의 신체"에 대해서 사람들의 구체적인 관계성을 구체적으로 분석해 가는 것'이라고 지적하고 있다(「천황의 『구체적의 신체』를 응시하는 것이 첫걸음」『아사히저널』 1989년 1월 25일호). 즉, 세대 간의 통일된 천황관을 추출해 내는 것이 아니라 세대 개개인마다의 관계성을 구체적으로 기술하는 것이 중요하며, 이러한 문맥에서 생각하면 천황 다음으로 유명했던 역도산을 둘러싼 전쟁세대와 전후세대의 구체적인 관계성을 다룬 소설 『역도산 동생』은 동시대의 천황제를 둘러싼 세대론의 문맥에서 해석이 가능하다고 할 수 있다.

SCENE 2 역도산과 시크릿 메시지

왜 아버지는 역도산분말 봉투를 '소중하게 간직하고 있었던 것일까'라고 하는 의문을 해독하기 위해서, 소설『역도산 동생』은 전후세대인 '나'와 전쟁세대인 아버지가 공통분모로 가지고 있는 다음과 같은 과거의 경험을 회상한다. 얼굴뿐만 아니라 검은 타이츠에 짧은 파마머리, 그리고 '가라테 춉'까지 모든 것이 '역도산을 쏙 빼닮'은 남자의 등장으로 '나'는 '텔레비전에서 본 진짜 역도산을 쏙 빼닮은 모습에 경탄'하고 마는데, 사건은 여기에서 끝나지 않는다. 역도산 동생은 많은 사람들이 모여 있는 광장 앞으로 '나'를 불러내어 자신의 형 역도산이 '대만 한방 의원에게 특별히 주문제작한 비약'이라고 하며 역도산분말을 먹인다. 그리고는 '대못'을 하나 건네며, "아무리 역도산분말에 비력이 있다고 해도 사물에는 이치라는 것이 있는 법이지요. 이 말라깽이 소년이 대못을 휠 수 있을지 어떨지는 보장할 수 없습니다. 하지만 여러분, 대못에 아무런 변화가 일어나지 않는다면, 저에게 돌이든 뭐든 던지십시오"라고 말한다. 물론 대못은 가볍게 반으로 휘어졌고, '나'는 흥분한 나머지 곧장 집으로 달려가 역도산분말을 사달라며 어머니에게 조른다. 물론 어머니는 그런 '나'에게 '역 앞에서 장사치들이 파는 약 따위를 먹으면 배탈이 나고 큰일 난'다고 하며 상대를 해주지 않지만, 여기에서 주의할 점은 초등학교 5학년 '나'의 역도산 체험이다. '나'는 '텔레비전에서 본 역도산의 얼굴을 머릿속에서 그리면서' 역도산 동생을 인식하고 있는데, 이러한 역도산 표상은 현재까지도 많은 일본인들이 인식하고 있는 정형화된 역도산 인식, 이른바 패전 쇼크와 미국 콤플렉스로부터의 해방, 그리고 해체된 전후 일본 국민국가의 재구축과 경제 부흥에 대한 의지가 역도산 프로레슬링에 투용되었다고 하는 영웅화 프로세스와 일치한다고 볼 수 있다.

또한, 특정한 사람이 발신하는 메시지를 특정 일부의 사람만이 민감하게 포착·수신할 수 있는 〈시크릿 메시지〉라고 하는 커뮤니케이션 수단이라는 측면에서 본다면, 전후 일본의 역도산에 관련된 에피소드를 다루는 소설에 '조선인 할머니'가 등장하는 장면은, 역도산의 출생을 둘러싼 독자의 호기심을 자극·집중시키는 역할을 하고 있다고도 볼 수 있다. 뿐만 아니라, 단바 분조라고 하는 노인은 역도산 동생과 미리 입을 맞추고, 본인의 가게에 역도산이 동생 및 제자들을 자주 데리고 왔다고 자랑하면서 광장 앞 사람들의 마음을 사로잡는데, 그가 운영하고 있는 가게가 다름 아닌 내장구이 가게(ホルモン焼き屋)이다.

전후, 일본인들에게 '내장'은 조리법 및 식문화가 존재하지 않았기 때문에, 그것은 먹는 것이 아니라 '버리는 것'이었다. 하지만 조선에서는 '내장'을 '곱창'이라고 부르며 전골 요리로 만들어 먹는 습관이 있었기 때문에, 재일조선인들은 일본인이 버리는 내장을 주워다가 팔기 시작했고, 그 결과 일본인들도 좋아하는 헬시 푸드로 퍼지게 되었다. 즉, 1958년을 시대적 배경으로 하고 있는 동 소설에 등장하는 '내장구이'는 단순히 프로레슬러가 몸보신하기 위해 먹는 음식이라는 의미뿐만 아니라, 재일조선인을 연상시키는 기호성이 강한 음식으로도 작용하고 있는 것이다. 또한, 본래 버려지던 내장이 '몸보신하는 음식'으로 가치부여가 된 이유에는 재일조선인이 가지는 '수상쩍음'과 밀접한 관계가 있었기 때문인데, 일본인에게는 차이와 공존의 삶을 살고 있는 재일조선인의 이중성이 정체불명의 이질성을 내포한 존재로 받아들여졌고, 그 결과 재일조선인이 즐겨 먹는 '내장구이'에도 그러한 이질성에서 오는 파워라는 의미가 전위되어 갔다.

이러한 '내장구이'의 양면성을 경유하면서 다시 한 번 소설을 살펴보면, 역도산과 그의 동생의 사실적 관계를 증명하기 위해 능숙하게 눈물 연기까지 연출하는 단바 노인의 가게가 다름 아닌 '내장구이 가게'인 이유는, 특정한 사람들에게는 '내장구이'가 재일조선인을 연상시키는 시크릿 메시지로 작용한다는 것을 작가는 잘 알고 있었기 때문일 것이다. 물론 소설은 이러한 시크릿 메시지를 통해서 역도산의 출생을 밝히는 것에 목적을 두고 있지는 않다. 오히려 '내장구이'의 예를 통해 알 수 있듯이, 전후 일본인에게 역도산이라고 하는 기호성이 강한 신체가 가지는 구조적인 양면성을 밝히는 것에 초점이 맞춰져 있다.

예를 들면, '나'는 단바 노인의 눈물 연기로 광장 앞에 모인 사람들이 눈시울을 적시는 모습을 보고 역도산과 그의 동생의 관계를 확신하는데, 어머니 심부름으로 아버지를 데리러 간 기요 아주머니의 마작가게에서 단바 노인이 역도산 동생과 마작을 하고 있는 모습에서, 두 사람이 단순히 가게 주인과 손님의 관계가 아니라는 사실을 깨닫고 큰 충격을 받는다. 하지만 아버지는 단바 노인과 역도산 동생과의 관계를 이미 간파하고 있었고, 따라서 역도산 동생이 아버지에게는 본인은 역도산의 숨겨둔 아들이라고 했다면서 역도산의 기호성 뒤에 숨겨진 실체를 알려 주지만, 소년 '나'는 그러한 기호성과 실체의 간극을 이해하지 못하고 결국 아버지의 마권을 훔쳐 역도산 동생으로부터 파괴적인 힘을 가진 '역도산분말'을 구입하고 만다. 즉, 동 소설은 1958년의 사건을 중심으로 아버지에게는 수신되는 시크릿 메시지를 소년 '나'에게는 수신되지 않는 구조를 부각시키면서, 전전세대와 전후세대의 전쟁과 패전에 대한 사유방식의 차이를 독자들에게 각인시키고 있다.

SCENE 3 해체되는 역도산 상식론

앞서 설명한 바와 같이, 소설 『역도산 동생』이 〈역도산 상식론〉과 다른 점은 역도산 신화에 의해서 일본인의 전쟁책임과 역도산 체험이 일률적인 이미지로 반복되는 것을 분열시키기 위해서, 역도산을 둘러싼 '나'의 체험과는 또 다른 전쟁세대인 아버지의 체험을 삽입시키고 있다는 점이다. 아버지의 '비정상적인 분노'는 고만수의 아내였던 기요 아주머니가 '정체를 알 수 없는 장사치'에게 마음을 빼앗겨 '3일간' 그녀의 가게 2층에서 생활을 함께 했고, 심지어 그녀가 역도산 동생의 아이를 갖게 되었기 때문이다. 그리고 그 사실을 알게 된 아버지는 기요 아주머니가 운영하는 가게에 쳐들어가 마작 테이블을 때려 부수고 마작 패를 기요 아주머니에게 집어던지는 등 난동을 부리는데, 그 전까지 역도산 동생을 파워를 상징하는 영웅으로 인식하고 있었던 '나'는 경찰에게 연행되어 가는 아버지의 모습과 '가스를 저장하는 거대한 원형 탱크'를 보며 '쓸쓸한 풍경'으로 인식하게 된다. 여기서 말하는 '원형 탱크'는 역도산 동생의 체형이 '텔레비전에서 본 진짜 역도산'과 똑같은 '배불뚝이 몸통(太鼓腹の胴体)'이었다는 기술에서 알 수 있듯이, 다름 아닌 역도산 동생을 가리키고 있다는 것은 쉽게 알 수 있다. 또한 역도산 동생을 전쟁세대인 아버지와 대비되는 전후세대, 특히 일본의 고도경제성장기의 상징적인 신체로 읽어내기 위해서는 소설

속의 '원형 탱크'는 단순한 '탱크'가 아니라 '가스'를 저장하는 '탱크'였다는 기술은 시사하는 바가 크다. 왜냐하면 '가스'는 일본의 고도경제성장기에 있어서 기술혁신을 대변하는 대표적인 화학물질이었기 때문이다.

> 화학 산업의 기술혁신도 다방면에 큰 영향을 끼쳤다. 석탄과 전기를 중심으로 구상되었던 화학 콤비나트는, 이 때 석유나 천연가스를 주축으로 하는 새로운 유기합성화학 콤비나트로 과감한 전환을 이루기 시작했는데, 그곳에는 수력·석탄에서 석유·천연가스로 라고 하는 에너지 혁명을 내포하고 있었다. 그 기술적인 핵심인 수소제조가 석유 가스화나 천연가스의 분해를 통해 싸고 쉽게 얻을 수 있게 되었고, 기존의 물에 의한 전기분해나 석탄의 가스화에 의한 수소제조법을 뛰어넘게 되었다.(「고도경제성장의 프롤로그」『쇼와2만일의 전기록』 제11권, 강담사, 1990년)

소설이 시대적 배경으로 하고 있는 1958년 전후에는 '수력·석탄에서 석유·천연가스로'라는 에너지 혁명이 이루어지는 시기였고, 따라서 '가스'는 단순한 화학물질이 아니라 제조법이나 제조설비가 전전에서 전후로의 전환을 의미했고(수공업에서 기계자동화 시대로 변환), 또한 세대적으로는 수공업에 의존했던 구세대에서 신세대로의 세대교체를 의미하는 상징적인 기호이기도 했다. 그러한 관점에서 보면, '가스를 저장하는 거대한 원형 탱크'를 '쓸쓸한 풍경'으로 느끼는 '나'는, 단순히 아버지의 난동이나 저항 없이 울고 있는 기요 아주머니가 불쌍해서가 아니라, 고만수가 상징하는 전전 일본의 전쟁책임을 망각하고 전후를 상징하는 역도산 동생과 관계를 갖은 기요 아주머니의 변심에서 느끼는 '쓸쓸'함 때문이라고도 해석할 수 있다.

SCENE 4 내파하는 쇼와천황 내셔널리즘

어린 에츠코가 왜 '가스 저장 탱크가 보이지 않아서 기쁘다'라고 생각하는지에 대해서는, 소설 속에서는 에츠코와 아버지에 해당되는 역도산 동생과의 구체적인 접점이 기술되어 있지 않기 때문에 그 답을 찾기란 쉽지 않다. 하지만 달리 생각하면, 왜 '탱크'를 보면 '쓸쓸'해 하는지를 구체적으로 기술하고 있지 않기 때문에, 독자의 입장에서는 오히려 그 '쓸쓸'함이 어디에서 파생되고 있는지 더욱 더 궁금해진다. 즉, 에츠코의 '쓸쓸'함을 파악할 수 있는 유일한 단서는 어머니인 기요 아주머니가 "아이 아버지는 그 뒤로 모습을 보이지 않지만, 자기에게는 그게 더 고마워"라고 한 대사이고, 또한 역도산 동생이 나타나지 않는 것이 왜 기요 아주머니에게는 더 고마운 일인지에 대해서는 아버지의 난동 사건에서 알 수 있듯이, 역도산 동생의 존재는 전전에 중국인 고만수와 결혼을 했던 사실과 그녀의 변심을 끊임없이 상기시키기 때문이다.

중국인 친구 고만수에 대해서 아버지는 한결같이 "기요는 고만수의 사랑하는 아내였어. 그 순수하고 한결같은 전도양양한 중국인이 목숨을 걸고 좋아했던 여자야. 고문수는 조국을 버리고라도 기요와 결혼할 생각이었어. 하지만 그 전쟁은 조국을 버릴 선택조차 할 수 없었던 전쟁이었어"라는 말하고 있듯이, 기요 아주머니의 변심으로 전경화되는 것은 전쟁세대인 아버지의 중국인 친구 '고만수의 사랑'이며, 달리 말하자면 중국인 '고만수의 사랑'을 파괴한 일본인의 전쟁책임이 초점화된다. 따라서 '나'와 에츠코가 역도산 동생을 연상시키는 '가스 저장 탱크'를 보고 '쓸쓸'함을 느끼는 이유는, 일본의 고도경제성장(=역도산 동생)을 수용하는 대신에 일본의 전쟁책임(기요 아주머니의 변심)을 망각하는 모습을 아버지의 난동과 같은 '거칠었던 마음과 비애'를 동반하며 상기시켜 주기 때문이다.

소설 속의 이러한 세대론을 동시대의 천황 및 천황론을 둘러싼 언설들과 비교해 보면, 쇼와천황 사망 후에 천황궁으로 기장을 하러 온 전쟁체험세대들에게는 천황을 자신의 '아버지'나 '가족'으로 수용하는 경향이 강하고, 30대 이하의 젊은 세대는 '천황에 대해서는 할아버지 같은 느낌이 든다. 지위는 높지만 매우 가까운 사람 같다'라고 인식하고 있듯이, 전쟁체험세대와 전후의 젊은 세대는 공통적으로 천황을 '병든 가족(아버지／할아버지)'이라고 하는 이미지와 매치시키면서 수용하고 있었음을 알 수 있다.

> 예를 들면「일본인인 이상은 측은한 마음을 가져야 한다」라고 말한 46살의 남성,「이런 것을 보고 일본은 좋구나라고 생각합니다」라고 말한 61살의 여성의 발언과,「자숙은 그것이 일본인이기 때문이 아닌가라고 생각합니다」라고 말한 30살의 남성,「기장에 오는 사람, 이것이야 말로 일본인이라고 생각합니다」라고 말한 22살의 남성의 발언 사이에는, 전자가 자치판단을 명시하고 있는 반면, 후자는 마치 객관적 사실처럼 말하고 있는 차이는 있지만, 공통적인「일본/일본인」관이 존재하고 있는 것은 확연하다. 그리고 이러한「천황 수용=일본인」이라고 하는 도식은「천황 거부=비일본인」이라고 하는 배제의 도식을 내포하고도 있는 듯하다.(구리하라 아키라·스기야마 미츠노부·요시미 슌야 편집『기록·천황의 죽음』 치쿠마서방, 1992년)

천황궁 앞에 기장을 하러 온 많은 사람들이 세대에 관계없이 천황을 자신의 '병든 가족(아버지／할아버지)'이라는 이미지와 매치시키면서 수용하는 모습은, 소설『역도산 동생』이 전쟁체험세대와 전후세대를 다루고 있다는 점에서 동 소설은 충분히 동시대의 천황 및 천황제를 둘러싼 문맥에서 해석이 가능하다. 또한 기장을 하러 온 많은 사람들의 언설 속에 공통적으로 보여지는 '천황 수용=일본인'과 '천황 거부=비일본인'이라고 하는 배제의 구조는, 소설 속에서 끊임없이 일본의 전쟁책임을 상기시키는 중국인 친구 고만수의 존재를 초점화시킨다. 즉, 소설『역도산 동생』은 전전에 중국인 고만수와 결혼했던 기요 아주머니가 전후 일본의 고도경제성장을 상징하는 역도산 동생과 관계를 맺고 변심하는 모습을 비판적으로 그리면서, 일본인이 망각하려고 하는 전쟁책임 문제를 부각시켰다. 그리고 이것은 쇼와천황의 사망을 전후해서 부각된 '천황 수용=일본인'이라고 하는 쇼와천황 내셔널리즘을 내파하려고 했던 시도라고도 해석할 수 있다.

9. 국적 우에하라 쇼조 ≪괴수술사와 소년≫

본장의 요점

제1탄『울트라맨』과 제2탄『울트라세븐』에 등장하는 괴수나 외계인은 '동아시아 주변국의 침공군(=공산주의 국가)', 지구를 지키는 방위조직은 '일본자위대', 그리고 울트라맨은 '재일미군'을 비유적으로 설명되는 경우가 많은데, 주의해야 할 점은 국가와 군대라고 하는 동시대의 대문자 정치성과 밀접한 관계 속에서 메타포로 해석되어 온 '동아시아／일본／미국'이라고 하는 삼각구도는 1970년대에 접어들면서 구조적인 변화가 일어난다는 것이다. 즉, 1960년대의 '정치의 계절'이 막을 내리고 고도경제성장의 뒤틀림 현상으로 발생하는 사회 문제가 부각되면서, '괴수'와 '울트라맨'이라고 하는 이분법적인 구도는 더 이상 성립되기 어려워졌고, 괴수 또한 단순한 침략자가 아니라 공해에 의해서 눈을 뜬 존재로 설정이 변화하게 된다. 따라서 울트라맨 역시 더 이상 절대적인 정의를 인간사회에 구현시키는 존재가 아니라, 일본인의 풍요로운 도시 생활의 '부채'를 처리하는 존재로 그 의미가 변화하기 시작한다.

본장에서는 전공투 세대의 학생운동 종언(1968년-1969년)과 1970년의 안보조약 반대투쟁의 종언 등, 동시대의 정치적인 패러다임이 바뀌기 시작하는 1970년대 초에 제작된『돌아온 울트라맨』을 중심으로, '동아시아/일본/미국'이라고 하는 삼각구도 속의 '동아시아'의 위치에 왜 재일조선인이 설정되었는지에 대해서 분석을 시도한다. 특히, 당시 '국적 선택의 자유'(세계인권선언 15조)에 입각하여 자신의 의지에 따라서 국적을 선택하려고 했던 재일조선인의 국적변경 문제와 제33화 ≪괴수술사와 소년≫을 상호 교섭적으로 비교·분석하고, 나아가 2000년에 일반 공개된 재일조선인의 국적변경에 관한 한국정부의 외교문서를 경유하면서, 울트라맨을 '한국/재일조선인/일본/미국'이라고 하는 중층적인 관계 속에서 사유하는 것을 목적으로 한다.

작가 소개

우에하라 쇼조(上原正三, 1937~)

우에하라 쇼조는 1937년에 오키나와에서 태어나 제2차 세계대전을 피해 대만으로 피난을 가게 된다. 1개월 뒤에 오키나와로 돌아올 예정이었지만, 나하가 공습으로 괴멸됨에 따라 타고 온 배는 바다에서 약 2주일 간 표류, 결국 가고시마에서 피난생활을 하게 된다. 패전 후, 오키나와로 돌아가서 고등학교를 졸업, 도쿄 쥬오대학(中央大学) 문학부를 다니며 각본을 쓰기 시작했고, 특히 본인의 전쟁 체험을 전해기 위해 오키나와 전쟁과 미군기지 등을 테마로 각본을 집필한다.

졸업 후, 츠부라야프로덕션(円谷プロダクション)에 입사한 오키나와 출신 긴조 데츠오(金城哲夫)을 알게 되고, 츠부라야 에이지 등으로부터 "시나리오 작가가 되려면 먼저 상을 타라"라는 말을 듣게 된다. 이후, 오키나와 전쟁을 테마로 한 『수골(収骨)』을 집필, 이것이 문화청이 주최하는 예술제에서 가작에 당선된다. 1964년에 긴조 데츠오를 돕기 위해 츠부라야프로덕션에 입사하게 되고, 이후『울트라Q(ウルトラQ)』『울트라세븐(ウルトラセブン)』『마이티잭(マイティジャック)』 등의 시나리오를 담당하면서 재능을 발휘하기 시작한다. 1969년, 긴조 데츠오가 츠부라야프로덕션을 퇴사해서 고향으로 돌아간 것을 계기로, 본인 역시 퇴사를 결심하고 프리 시나리오 작가로 활동하기 시작한다.

우에하라 쇼조는 본장에서 고찰하는 1971년에 방영된『돌아온 울트라맨(帰ってきたウルトラマン)』의 치프 작가를 맡았고, 이후『울트라맨A』『울트라맨타로』에도 참가, 또한『로봇형사』『힘내라! 로보콘』 등의 도에이(東映) 작품에 참여하면서 연속해서 대히트 작품을 발표한다.

≪괴수술사와 소년(怪獣使いと少年)≫

SCENE 1

少年が無心に穴を掘っているのが見える。良である。廃虚のそこら中に良が掘ったらしい穴がある。この一帯は元の砂利採取場らしく、工場らしい大きな建物、車庫、食堂といった棟が雨ざらしのままに残骸を残している。その横を大きな川が流れ、そのやや下流には虹のように高速道路がかかり、車が無機物のように音もなく走っている。
次郎「(声をひそめ)あれが宇宙人なのか？」
四郎「(頷き)子供に化けてるんだって、超能力を使うらしいぜ」
次郎「超能力？(良を見る)」
良、黙々と穴を掘りつづける。

소년이 열심히 구덩이를 파고 있는 것이 보인다. 료 소년이다. 폐허의 이곳저곳에 료가 판 듯이 보이는 구덩이가 있다. 이 일대는 원래 자갈 채집장인 듯, 공장과 같은 큰 건물, 차고, 식당 등의 건물이 황폐해진 채 잔해만이 남아 있다. 그 옆을 큰 강이 흐르고, 또 바로 아래 하류에는 무지개와 같은 고속도로가 놓여져, 자동차가 무기물질과 같이 소리 없이 달리고 있다.

지로「(소리를 죽이고)저 아이가 외계인이야?」

시로「(고개를 끄덕이며)아이로 변신을 했대. 초능력을 쓴다고 하던데」

지로「초능력?(료를 본다)」

료 소년, 묵묵히 계속해서 구덩이를 파고 있다.

SCENE 2

廃虚(昼)

工場の土間で食事の仕度をしている良。けむる薪に懸命に息ふきかけている。そこへタツ、シン、ケン、それに次郎、四郎、正夫がくる。タツ、飼い犬を連れている。セパードの猛犬だ。

タツ「なんだ、宇宙人もめし食うのか」

ケン「なんだなんだ(と鍋の蓋を開けてのぞきこむ)おかゆだおかゆだ」

良「なにをするんだ、あっちへ行け！」

タツ「ケッ(と鍋を蹴とばす)」

鍋のおかゆが地面にこぼれる。良、怒る。薪ふりあげる。タツたち、外まで逃げる。

タツ「ジョン、あいつをやっつけろ(犬に命令する)」

猛犬、良に襲いかかる。良、薪ふりかざして応戦する。良、階段を二階へ逃げる。負う犬。と、キャン！と犬が宙に浮いたまま外へ運ばれる。ドカン！と爆発して霧のように消え失せる。

폐허(낮)

공장 부엌에서 식사 준비를 하고 있는 료 소년. 연기 나는 장작에 열심히 바람을 불어넣고 있다. 그곳에 다츠, 신, 켄, 그리고 지로, 시로, 마사오가 다가온다. 다츠, 집에서 기르는 개를 데리고 온다. 매우 사나운 셰퍼드이다.

다츠「뭐야, 외계인도 밥을 먹는 거야」

켄「뭐야 뭐야(라고 하며 냄비 뚜껑을 열어서 안을 들여다본다)죽이다 죽이야」

료「뭐하는 거야, 저리 가!」

다츠「칫(냄비를 걷어찬다)」

냄비 속 죽이 땅 바닥으로 쏟아진다. 료, 화를 내며 장작을 휘두른다. 다츠들, 밖으로 도망친다.

다츠「존, 저 녀석을 공격해(개에게 명령한다)」

맹견, 료에게 달려든다. 료, 장작을 휘두르며 막는다. 료, 계단을 통해 2층으로 도망간다. 쫓아가는 개. 그리고 깨갱! 하는 소리와 함께 공중에 붕뜬 채 밖으로 이동. 꽝! 하고 폭발하며 안개처럼 사라진다.

SCENE 3

金山「(郷に語りはじめる)あれは一年前の嵐の夜だった。私は地球の風土、気候を調べるためにメイツ星からやって来て、この砂利取り場に着陸した」

回想—嵐の夜、稲光に照らされて着陸する小型宇宙船。宇宙船からおり立つ人物。人物、宇宙船に放射光線を当てる。宇宙船、みるみる縮小する。そしてくるくるコマのように回転しながら地下にもぐりこんでいく。雨脚が激しく地表はまったくわからなくなる。そこへ怪獣ムルチに追われた良が来て倒れる。人物、ムルチを封じこめる。
金山「それ以来、良とはまるで親子のように暮した。私はこのまま地球に住みついてもいいとさえ思いましたよ(中略)人間の顔を作って川崎の工場で働いていました。しかし、私は宇宙人、今の地球では生きては行けません。汚れた空気に蝕まれてしまったのです」
(中略)
郷「お父さんは見つかったかい」
良「お父ちゃんなんかいらないよ。ぼくおじさんと行くんだ、メイツ星へ」
郷「地球を捨てるのかい」
良「地球は今に人間が住めなくなるんだ。その前に地球にさよならするのさ(くったくなく目を輝かせて語る)」

가나야마「(고에게 이야기하기 시작한다)그건 1년 전 폭풍우 치던 밤이었습니다. 나는 지구의 풍토와 기후를 조사하기 위해 메이트 행성에서 이곳으로 와, 여기 자갈 채석장에 착륙했습니다」
회상—폭풍우가 치던 밤, 번개 불에 희미하게 보이는 착륙하는 소형 우주선. 우주선에게 내려오는 인물. 인물, 우주선에 방사광선을 쏘자, 순식간에 작아진다. 그리고 빙글빙글 팽이와 같이 회전하면서 땅속으로 들어간다. 빗발이 거센 나머지 땅 표면은 전혀 알아볼 수 없다. 그곳에 괴수 무르치에게 쫒기던 료 소년이 와서 쓰러진다. 인물, 무르치를 봉인해버린다.
가나야마「그 후, 료 소년과는 마치 부모자식처럼 생활해 왔습니다. 나는 이대로 지구에 살아도 괜찮다고까지 생각했습니다. (중략)사람의 얼굴을 만들어서 가와사키의 공장에서 일했습니다. 하지만 나는 외계인, 지금의 지구에서는 살아갈 수 없습니다. 오염된 공기에 병들어버렸습니다」

(중략)

고 대원「아버지는 찾았니?」

료 소년「아버지 따위 필요없어요. 나는 아저씨와 함께 갈 거에요, 메이트 행성으로」

고 대원「지구를 버릴 생각이니?」

료 소년「지구는 조만간 인간이 살 수 없게 돼요. 그 전에 지구와 안녕을 하는 거에요(아무런 걱정없는 듯 반짝이는 눈으로 이야기한다)」

SCENE 4

金山「宇宙人はこの私だ。良君は私の面倒を見てくれていただけで、宇宙人ではない」

人々、金山に石や棒切れをぶつける。

郷「やめろ！この人は宇宙へ帰りたがっているんだ。帰してやって下さい」

紳士「マットが宇宙人をかばうのか？」

投石する。集団の暴徒になっている。郷、眉間を割られて鮮血が流れる。郷はそれでもかばって立つ！

金山「やめろ、やめろ、お前たちは鬼だ！(と郷たちをかばって前進する)彼等にまで乱暴するのはやめてくれ、殺すなら私を殺せ！」(金山、前進する)

警官A「寄るな！(ピストル向ける)」

金山「……(進む)」

ピストルが火を吐く！金山の胸に鮮血！(金山、バッタリ倒れる)

良「おじさん…！(涙の目で一同を睨みつける)」

とその時、土砂が宙に噴きあがり、封じこめられていた怪獣ムルチが姿を現す！ムルチ、巨大魚を思わせる口からめらめらと火を吐く。「わあ！」仰天する一同。逃げまどう紳士たち。

가나야마 「외계인은 바로 나다. 료 소년은 나를 도와 준 것뿐이고, 외계인이 아니다」
사람들, 가나야마에게 돌과 몽둥이를 휘두른다.
고 대원 「그만둬! 이 사람은 우주로 돌아가고 싶어 해. 그냥 돌려보내주세요」
신사 「괴수공격대 MAT가 외계인을 감싸는 거야?」
돌을 던진다. 집단적 폭도가 시작된다. 고 대원, 미간이 찢어져 붉은 피가 흘러내린다. 고 대원은 그럼에도 불구하고 감싸며 일어선다!
가나야마 「그만, 그만둬, 너희들은 괴물이다!(라고 말하며 고 대원들을 감싸며 앞으로 나아간다)그들에게까지 난폭하게 구는 건 그만둬, 죽이려면 나를 죽여라!」(가나야마, 앞으로 나아간다)
경찰A 「가까지 오지 마!(권총을 겨눈다)」
가나야마 「……(앞으로 나간다)」
권총이 불을 뿜는다! 가나야마 노인의 가슴에 붉은 피!(가나야마 노인, 푹하고 쓰러진다)
료 소년 「아저씨……!(눈물을 머금은 눈으로 사람들을 노려본다)」
그 순간, 땅이 하늘로 솟아오르고, 봉인되었던 괴수 무르치가 모습을 그러낸다! 무르치, 거대어를 연상케 하는 주둥이로부터 활활 불을 뿜는다. 「아악!」하며 깜짝 놀라 자빠지는 사람들. 도망치려 갈팡질팡하는 신사들.

줄거리

1971년 11월 19일에 방영된 제33화 ≪괴수술사와 소년≫의 시대적 배경은 동 작품이 방영되기 1년 전인 1970년이며, 무대는 가나가와현(神奈川県) 가와사키(川崎)이다. 우주의 메이트 행성(メイツ星)에서 지구의 풍토와 기후를 조사하러 온 가나야마 쥬로(金山十郎, 시나리오에는 '45세'라고 되어 있지만, 드라마 속에서는 노인의 모습을 하고 있다)라고 하는 우주 조사원은 가와사키의 강가에서 괴수 무르치(ムルチ)에게 쫓기다 추위와 굶주림 속에서 죽어가는 료 소년을 구해준다. 그리고 초능력을 이용해서 무르치를 땅에 묻고, 자기가 타고 온 우주선도 함께 땅에 숨겨둔다.

하지만 지구의 공해오염으로 가나야마 노인은 병이 들고 결국 초능력도 쓸 수 없게 되는데, 료 소년은 그런 가나야마 노인과 지구를 떠나 메이트 행성으로 가기 위해 우주선을 묻어둔 장소를 찾기 위해 여기 저기 땅을 파헤친다. 하지만 불량학생들뿐만 아니라 마을사람들까지도 료 소년을 '외계인'으로 간주하고 집단폭행을 가하자, 그러한 료 소년을 구하기 위해 가나야마 노인이 나서서 사람들을 막아보지만, 결국 경찰이 쏜 총에 맞아 죽게 된다. 직후, 가나야마 노인의 초능력으로 땅 속에 가두어 둔 무르치가 깨어나 마을을 파괴하기 시작하지만, 고 대원은 마을 사람들의 집단적이고 폭력적인 폭주에 좌절한 나머지 전의를 상실한다. 마지막에는 MAT의 이부키 대장의 명령에 따라 울트라맨으로 변신, 결국에는 무르치를 무찌른다.

작품 해설

SCENE 1 시크릿 메시지와 '가와사키'

감독을 담당한 도죠 쇼헤(東篠昭平)는 문화 비평가 기리도시 리사쿠(切通理作)와의 인터뷰에서 "우에하라 씨는 오키나와인 이미지로 썼다고 생각합니다. 당시 오키나와는 일본에 반환되지 않았기 때문입니다. 하지만 내지에 사는 사람들의 입장에서 보면 오키나와인이라기 보다는 조선인이죠 저건. 소년도 그런 얼굴을 하고 있었고"(『괴수술사와 소년』2000년)라고 말하고 있듯이, 동 작품에 대해서 '오키나와'보다는 '조선인'에 방점을 찍고 해석하고 있다. 도죠 감독의 위와 같은 발언에는 두 가지 측면에서 주목할 필요가 있다. 첫째는 ≪괴수술사와 소년≫의 시청자를 '내지'와 '외지'로 구분하고 있다는 점이다. 달리 말하자면 작가의 의도와는 무관하게 콘텍스트의 차이에 따라서 전혀 다른 해석이 존재할 수 있다는 것이며, 또한 그러한 전혀 다른 콘텍스트 제작 단계에 도죠 감독은 그 누구보다도 깊이 관여하고 있다는 사실이다. 그리고 둘째는 주인공 소년의 얼굴에서 '조선인'을 읽어내고 있다는 점이다. 즉, 구체적인 설명이 없어도 특정한 표상이 발신하는 메시지를 특정 일부의 사람들은 민감하게 포착·수신할 수 있는, 이른바 〈시크릿 메시지〉가 드라마 속 곳곳에 배치되어 있을 가능성에 대해서 언급하고 있다고 볼 수 있다.

그렇다면 도죠 감독은 도대체 어떻게 소년의 얼굴에서 바로 '조선인'을 수신할 수 있었을까? 드라마 속 소년의 얼굴이 치켜 올라간 눈꼬리와 홑꺼풀의 눈을 하고 있다는 점에서, '조선인' 이미지를 강하게 연상시키는 것은 사실이다. 하지만 치켜 올라간 눈꼬리와 홑꺼풀만으로 '조선인'이라고 단정하는 것은 성급한 판단이라고 하지 않을 수 없다. 왜냐하면, 시나리오나 드라마 속에서 고아 소년 사쿠마 료(佐久間良)는 '조선인'이 아니라 '일본인'으로 설정되어 있기 때문이다. 료 소년이 주위의 불량학생들에게 '외계인' 취급을 당하자, MAT 대원 고 히데키(郷秀樹=울트라맨으로 변신하는 인물)가 현지 조사를 통해 그의 고향이 홋카이도(北海道) 에사시(江差)이며, 부모 역시 모두 일본인이라는 사실을 밝히고 있다. 그렇다면 더더욱 의문점이 생기는 것은 국적이 '일본인'임에도 불구하고, 그의 얼굴에서 '조선인'을 읽어내는 구조적인 문제를 어떻게 생각하면 좋을까? 하지만 이러한 의문에 대해서는 〈시크릿 메시지〉라고 하는 커뮤니케이션 측면에서 동 작품을 분석하면, 의외로 그 이유를 쉽게 알 수 있다.

> 가와사키시(川崎市) 가와사키구(川崎区) 이케가미마을(池上町)은 교하마(京浜) 공업지대의 일각, 산업도로와 고속도로로 구분된 부분에 있고, 인구 약 1500명 중에 약 60퍼센트를 한국·조선인이 차지하는 재일한국·조선인 다주지역을 형성하고 있다. 1960년(쇼와35)의 주택지구개량법 제정과 관련해서 실시된 가나가와현의「주택지구실태조사보고서」에도 불량주택지구로 올라와 있는 이 마을은, 23년 후인 지금도 마찬가지로 고도성장이 초래한 공해오염이라고 하는 상황을 생각한다면, 당시보다도 한층 더 열악한 주거환경으로 현재에 이르고 있다. (중략)이러한 일종의 슬럼화된 상황은 전전부터「조선인 다주지역과 불량주택」이라고 하는 공식으로 문제화되어 왔지만, 당연히 그것은 도시방재나 위생이라는 관점에서 다루어진 것이었고, 오히려 생활보장을 위한 주택문제로써는 간주되지 않았다. 그리고 이러한 불량주택지구의 형성은 전전·전후의 가나가와 역사와 밀접한 관계를 갖고 성립되어 온 것이다.(가나가와현자치종합연구센터(1984)『가나가와의 한국·조선인』 공인사)

도쿄 감독이 소년의 얼굴에서 '조선인'을 수신할 수 있었던 이유는 단순히 소년의 얼굴이 '조선인'을 강하게 연상시키는 모습이었기 때문만이 아니라, 오히려 소년이 살고 있는 지역의 특수성에 대한 인식이 소년의 얼굴을 '조선인'으로 인식시켰다고 볼 수 있다. 인용문에서 알 수 있듯이, 료 소년이 살고 있는 곳은 고도경제성장에 따른 공해오염의 직격탄을 맞아 폐허가 된 '가와사키'인데, 여기서 주목할 점은 동시대의 사람들에게는 '가와사키'와 빈민촌, 그리고 료 소년과 '부모자식'처럼 살고 있는 '가나야마(金山)'라고 하는 노인의 이름으로부터 어떤 이미지를 떠올릴까 라는 것이다.

위의 인용 자료는 가와사키라고 하는 지역의 특수성과 그곳에 거주하는 재일조선인의 실태를 파악한 보고서인데, 가와사키는 전전부터 '조선인 다주지역과 불량주택'이라고 하는 공식이 성립될 정도로 재일조선인이 많이 거주하는 지역으로, 특히 고도성장 이후에는 공해오염 등으로 슬럼가가 형성되었던 곳이다. 따라서 드라마 속에서 고속도로를 뒤로 공장의 잔해와 폐허가 클로즈업되는 장면은 동시대의 가와사키를 연상시킬 뿐만 아니라, 인구의 '60퍼센트'가 재일조선인, 즉 10명 중에 6명이 재일조선인이라는 점을 생각하면, 조선인의 '金'이라고 하는 성을 강하게 연상시키는 '金山(가나야마)' 노인의 성 역시 조선인을 연상시키기에 충분하다고 볼 수 있다.

또한, 메이트 행성에서 온 가나야마 노인은 자기의 병에 대해서 "인간의 얼굴을 하고 가와사키 공장에서 일을 했습니다. 그러나 나는 외계인, 지금의 지구에서는 살아갈 수 없습니다. 오염된 공기로 몸이 병들어버렸습니다"라고 말하고 있듯이, 외계에서 온 가나야마 노인의 병은 지구의 '오염된 공기'가 원인이라고 설명하고 있다. 이러한 설정 역시 단순한 픽션이 아니라, 동시대의 가와사키가 일본의 고도성장이 초래한 공해오염으로 인한 공해병 다발지역으로 사회적으로 문제가 된 지역이었고, 1972년부터 1982년까지의 '외국적공해인정환자' 총수 163명 중에 159명이 재일조선인이었다는 사실을 생각하면, 무수히 많은 병중에서 '오염된 공기'라고 하는 공해병으로 병들어 죽어가는 설정은 '가나야마'라고 하는 노인의 이름과 더불어 동시대에 가와사키에 거주하는 재일조선인의 모습을 연상시키기는 〈시크릿 메시지〉로 작용하고 있다고 볼 수 있다.

SCENE 2 폭력의 일상화

그렇다면 료 소년의 우주선 찾기는 동시대의 콘텍스트 속에서는 어떠한 해석이 가능할까? 먼저 드라마 속에서 료 소년은 얼굴의 생김새와 매일 같이 여기저기 구덩이를 파는 행동 때문에 주위의 불량소년들에게 외계인 취급을 당하며 괴롭힘을 당하게 되는데, 이러한 장면은 단순한 픽션이라기보다는 동시대에 동시다발적으로 발생했던 재일조선인 학생에 대한 일본인 불량학생들의 집단폭행 사건을 떠올리게 한다.

1970.5. — 1970년에 들어와서 도쿄조선고등학생에 대한 일본 우익 불량학생에 의한 집단 폭행 사건은 신주쿠역에서 1월 17일, 1월 30일, 2월 11일, 료코쿠역에서 1월 21일, 아키하바라역에서 2월 11일, 이케부쿠로역에서 2월 27일, 5월 14일, 5월 18일, 아카바네역에서 3월 11일, 3월 13일, 주죠역에서 3월 12일, 3월 13일, 오다큐 신주쿠역에서 5월 12일, 5월 14일, 다카

다노바바역에서 5월 15일, 오지역에서 5월 16일, 요요기역에서 5월 18일, 5월 25일, 시부야역에서 5월 18일, 히라이역에서 5월 21일, 긴시쵸역에서 5월 22일 등, 총 21건에 이르렀고 경찰에 피해 신고서를 제출하지 않는 것까지 포함을 하면 몇 배의 건수에 달한다.

1970.5.27—조선학생에 대한 연속적인 집단폭행 사건에 대해서 동경조선인 학부형 대회가 개최되고, 대회에서 일본 경찰에 차별 없는 공정하고 철저한 가해자 조사를 요구하는 항의문을 일본정부에 제출. 학교는 학생들을 조퇴시키고, 교사 및 학부형들은 각 역에서 경계 태세에 돌입할 것을 결의. (강철 편저(2002)『재일조선한국사종합연표』 웅산각)

제33화 ≪괴수술사와 소년≫이 방영된 날짜는 1971년 11월 19일이고, 드라마 속에서 메이트 성인 가나야마 노인이 지구에 온 것은 '1년 전'이라고 되어 있기 때문에, 가나야마 노인과 료 소년이 '부모자식'처럼 함께 생활을 시작한 것은 '1970년'이라는 이야기가 된다. 그런데 위의 자료를 통해서 알 수 있듯이, 1970년에는 5월에만도 도쿄 시내 곳곳에서 재일조선인 학생에 대한 일본인 불량학생들의 집단폭행 사건이 얼마나 많이 그리고 동시다발적으로 발생했는지를 확인할 수 있다. 심지어 재일조선인 학부형에 의한 항의문을 일본정부에 제출하고, 또한 교사와 학부형이 아이들을 보호하기 위해 각 역에 나가 경계 태세에까지 돌입할 정도였으니, 일본 불량학생들의 집단폭행사건이 얼마나 심각했는지는 쉽게 짐작할 수 있다.

SCENE 3 우주선 찾기와 국적 찾기

드라마 속에서 료 소년이 우주선을 찾는 이유를 말하는 장면에 주목을 해 보면, "지구는 머지않아 사람이 살 수 없게 돼요. 그 전에 지구와 안녕을 하는 거에요"라고 하는 대사는 동시대의 불량학생들의 집단폭행과 열악한 노동환경으로 점점 설 곳을 잃어가는 재일조선인을 클로즈업시킨다. 그리고 결국, 료 소년과 가나야마 노인은 그의 고향·메이트 행성으로 돌아가기로 결심하는데, 그런데 곰곰이 생각해 보면 일본 국적의 료 소년이 가나야마 노인과 함께 그의 고향으로 돌아간다는 설정은, 다름 아닌 국적 변경 그 자체를 의미한다. 또한 가나야마 노인 역시 무르치에게 쫓기다가 '공포와 추위와 굶주림'으로 쓰러져 있는 료 소년을 구해 준 이래, "료하고 마치 부모자식과 같이 지냈다. 저는 이대로 지구에 살아도 괜찮다고 조차 생각했습니다"라고 말하고 있듯이, 가나야마 노인 역시 국적을 변경하려 했던 사실을 알 수 있다. 즉, 료 소년은 '일본' 국적에서 '메이트' 국적으로, 그리고 가나야마 노인은 '메이트' 국적에서 '일본' 국적으로 국적을 변경한다는 것인데, 그렇게 생각하면 동 작품은 단순히 재일조선인이라고 하는 이질적인 존재에 대한 집단적 무의식의 폭주를 다룬 작품이라기보다는, 료 소년과 가나야마 노인이 자기의 의지에 따라 국적을 변경하려는 것을 일본인의 '집단적 무의식'이 저지하려는 이야기로도 해석할 수 있다. 그리고 이러한 우주선 찾기는 동시대에 전개되고 있었던 다음과 같은 재일조선인의 국적변경 문제와 접점을 보인다.

60년대 재일조선인의 국적문제는 70년의 정치 상황을 깊은 부분에서 규

> 정하고 있었다. 한일 양 정부 및 거류민단은 일한 법적지위협정을 토대로 영주권 신청(「한국적」 취득을 조건으로)을 무리하게 추진하여, 71년 1월의 신청 기한 마감일 가까이에는 매수와 협박에 가까운 수단을 취하며 한국 국적 증대를 도모했다. 재일조선인총연합회(총련)과 일본의 혁신 세력은 이것을 「조국을 선택할 자유」의 침해라며 항의를 했고, 부당하게 한국 국적을 강요받은 사람들의 조선 국적으로의 변경 신청 및 그 지원 운동을 전개했다. (츠무라 다카시(1971.4) 「다가와시—〈재일〉의 기본구조 · 서설」 『현대의 눈』)

1965년에 체결된 한일 법적지위협정이란 외국인등록증명서의 국적란에 '한국'으로 기재를 하고 영주권을 신청하면, '조선' 국적의 재일조선인보다 여러 가지 면에서 우대조치를 해 준다는 것이었다. 하지만 영주권 신청 마감일이 ≪괴수술사와 소년≫이 방영된 같은 해의 1971년 1월 16일까지였는데도 불구하고, 신청자 수는 재일조선인 60만 명의 반에도 미치지 못했다. 따라서 한국정부는 일본정부에 협조를 요청하게 되고, 당시 일본정부는 일단 '한국' 국적을 취득한 재일조선인은 재차 '조선'으로 국적 변경을 인정하지 않으며, 당시의 아이치 기이치(愛知揆一) 외무대신은 '외무성과 법무성, 양성과 더불어 자치성을 포함해서 협력 촉진의 태세를 굳히겠다'라는 약속까지 하게 된다.

그런데 1970년 8월 13일에 후쿠오카현 다가와시(田川市)의 사회당 출신 사카타 구츠모(坂田九十百) 시장은, 국적변경은 정부가 지방자치 단체에 위임을 한 위탁사무이고, 또한 헌법 제22조의 '국적 이탈의 자유'와 세계인권선언 제15조의 '국적 선택의 자유'를 근거로, 1970년 8월 14일에 5세대 14명의 재일조선인의 국적을 정부의 허락 없이 '한국'에서 '조선'으로 국적변경을 인정해 버리는 사건이 발생한다. 사카타 시장은 국적변경은 '당연한 의무'이며, "나에게 있어서 조선인 문제는 속죄의 마음도 담겨져 있다. 자기 합리화를 위한 이론이 아니라, 당연히 하지 않으면 안 되는 인간의 길이라고 생각한다"라고 말하고 있다. 또한 1970년 11월 24일에 열린 시의회 대표자 회의에서는 "재판으로 갈지도 모르겠다. 나는 법해석의 차이, 인도적 입장을 지키는 것 외에는 아무것도 생각하고 있지 않다"라고 하며, '법해석의 차이'와 '인도적 입장'에서 국적변경을 단행한다. 이와 같은 사카타 시장의 인도주의적·법해석학적 입장에서의 정부와의 정면 대결 덕분에 재일조선인의 국적변경 문제는 전국적으로 확산되는데, 일본 정부와 맞서며 재일조선인의 '국적 선택의 자유'를 도와주는 사카타 시장의 모습은 드라마 속 고 대원의 모습과 오버랩된다.

SCENE 4 울트라맨의 좌절과 밀수되는 '미국'

고 대원은 괴수 · 무르치의 등장을 가나야마 노인의 '분노'가 전위된 것으로 파악하고, 마을사람들의 요청에도 아랑곳하지 않고 넋이 나간 채 무르치가 마을을 파괴하는 것을 지켜보기만 한다. 하지만 이때, 갑자기 탁발승의 모습으로 변신한 이부키(伊吹) MAT 대장이 나타나, "고 대원! 마을이 난리가 났어. 고! 모르겠는가?"라는 한마디에 좌절을 이겨내고 울트라맨으로 변신을 해서 무르치를 퇴치하는 대반전이 일어난다.

여기서 주의할 점은 제3탄 『돌아온 울트라맨』은 제1탄 『울트라맨』과 제2탄 『울트라세븐』과는 달리, 필요에 따라서 자기의 의지만으로는 울트라맨으로 변신할 수 없다는 사실이다. 『돌아온 울트라맨』 제1

화를 살펴보면, 자동차 수리공이었던 고 대원이 울트라맨으로 변신할 수 있었던 이유는 괴수의 습격으로 아파트가 파괴되었을 때, 자기의 목숨보다는 타자, 즉 붕괴된 건물에 깔린 소년과 강아지, 그리고 비둘기를 구했기 때문이다. 그러한 용감하고 정의로운 행동이 지구의 평화와 인류의 자유를 위해서 도움이 되리라고 판단한 울트라맨은 죽은 고 대원의 몸에 빙의를 하게 된 것이다. 따라서 고 대원은 자신의 의지만으로는 간단히 변신할 수 없고, 자기의 목숨을 바쳐서 소년과 강아지, 그리고 비둘기를 구했듯이, 무언가를 위해서 자기 희생적으로 간절히 바랄 때에만 변신이 가능해진다. 그렇게 볼 때, 일단 괴수·무르치 퇴치를 포기하고 좌절했던 고 대원이 울트라맨으로 변신할 수 있었던 간절함은 도대체 무엇이었을까. 우노 츠네히로가 『돌아온 울트라맨』에서의 고히데키의 변신은 '인간이 성장해서 초월자가 되는 이야기를 지향'하고 있다고 했는데(『리틀·피플의 시대』2011년), 인간 고 대원(=일본)'이 '초월자(=미국)'로 변신하게 되는 결정적인 계기는 무엇일까?

앞서 살펴본 바와 같이, 고 대원은 심정적으로 가나야마 노인과 료 소년에게 기울어져 있고, 그런 가나야마 노인의 '분노'가 전위된 무르치를 퇴치할 간절함은 찾아볼 수 없다. 하지만 주목해야 할 점은, 이러한 논리적인 모순이야 말로 동시대의 국적변경 문제에 내재된 일본의 재일조선인 정책에 대한 모순이기도 하다. 정부와 법정 싸움을 각오하고 변호사와 의견교환(1971년1월)까지 했던 사카타 시장은, 아래와 같은 정부의 조건을 받아들이며 극적으로 타협을 하게 된다.

> ①「경사방식(經伺方式)」으로도 문제가 없는 10명에 대해서는 법무성이 자주적 변경을 추인한다. ②한국 여권의 발급을 받은 이판복(李判福) 씨 일가 4명은, 『한국』으로 다시 정정해서 경사, 법무성에서 검토한다. ③직

> 무집행 명령은 철회한다. (출판부(1971.4)「조선인 국적 —「다가와방식」의 결말」『세계』)

타협안에 나오는 '경사방식'이란 동 문제에 대해서 자치단체의 책임자가 독단으로 판단·처리하지 말고, 일단 정부에 의견을 구하고 그 결과에 따라서 처리를 하는 업무방식이다. 즉, 지금까지 '경사방식'에 반대를 하며 재일조선인의 국적변경을 단행했던 사카타 시장은, 한국 여권을 소지하고 있다는 이유만으로 '14명' 중 이판복 일가 '4명'의 국적을 다시 본래대로 '한국' 국적으로 되돌린다는 조건하에 극적으로 정부와 타협을 한 것이다. 동시대의 많은 미디어들은 이와 같은 사카타 시장의 타협에 대해서, '조선 국적 문제에 대한 사카타 시장의 자세는 칭찬할만한 저항정신'이었고, 정부의 직무집행 명령을 '4명 이외에 대해서는 묵인하는 형태로 사실상 철회시킨 것은 사카타 시장의 공적'이라고 하며 '수장의 판단으로 시행하는 자주적 변경의 길을 열었다'라는 긍정적으로 평가한다. 하지만, 정부의 '묵인'에서도조차 배제당한 일가 '4명'의 가장인 이판복은, 국적은 자신의 '영혼'이라고 하며 다음과 같이 항변한다.

> 이젠 그 어떤 일이 있어도 나의 국적을 '조선'에서 '한국'으로 변경을 해라, 라고 하는 명령에는 응하지 않을 것입니다. 만약, 내가 동의하지 않았는데 다가와시(田川市) 시장이 변경을 한다면, 그것은 내 국적을 훔치는 것이 됩니다. 국적은 내 영혼입니다. 일본 정부는 다가와 시장을 국적 도둑, 영혼의 도둑으로 만들 작정입니까? (나가츠카 기자(1971.2.19)「급변한 다가와시의 국적변경문제」『주간아사히』)

타협 전의 사카타 시장은, 국적변경은 '남자 대 남자의 약속이다'라고 하며 끝까지 법적으로 대응하겠다고 밝힌 바 있다. 하지만, 타협 후의 기자회견에서는 '직무집행 명령을 철회시키고, 지자체 독자의 판단에 따른 변경을 인정케 한 돌파구를 만들었기 때문에 성공이다', '90퍼센트 상쾌한 기분"이겼다'라고 말을 할 때, '90퍼센트' 안에 들지 않은 이판복을 비롯한 재일조신인이 존재한다는 점에서, 사카타 시장의 '인도적 입장'에서의 투쟁은 좌절했다고 하지 않을 수 없다. 또한 사카타 시장의 타협은 결과적으로 정부의 입관행정과 외국인등록 행정, 정부의 통달행정과 지방자치의 관계, 그리고 국적선택의 자유라고 하는 기본적인 인권문제를 재판을 통해 공정하게 그 시비를 가릴 기회를 상실했다고 볼 수 있는데, 이것은 고 대원이 가나야마 노인과 료 소년에게 '인도적 입장'에서 책임의식을 느끼면서도 마지막까지 둘의 입장을 관철시키지 못하고, 결국에는 이부키 MAT 대장의 명령에 따라 가나야마 노인의 '분노'가 전위된 무르치를 퇴치하는 모습과 일치한다. 즉, 고 대원의 변신은 사카타 시장의 타협과 일치하며, 무르치의 죽음은 사카타 시장의 타협으로 국적변경에서 배제된 이판복 일가와 구조적으로 일치한다.

또한, 영상화된 드라마에서 주의할 부분은 좌절한 고 대원에게 괴수 퇴치를 명령하는 이부키 대장이 탁발승의 모습으로 변신해서 나타나는 장면이다. 특히, 흥미로운 점은 탁발승의 모습으로 변신한 이부키 대장에 대해서, 고 대원은 전혀 눈치를 채지 못하고 있다는 사실이다. 도죠 감독은 시나리오에도 없는 장면을 왜 이렇게까지 부자연스럽게 설정했을까에 주목해 보면, 이부키 대장의 포지션은 중요한 해석 포인트가 된다. 이부키 대장은 뉴욕에 본부를 두고 있는 국제평화

기구 지구방위청 소속 일본지부의 대표인데, 이것은 MAT의 최고 정점에 미국이 있다는 것을 의미한다. 그리고 재일조선인의 국적이 '조선'과 '한국'으로 분열된 원인에는 조선전쟁을 앞둔 1950년 3월에 자유진영의 결속을 다지기 위해서, GHQ의 주장에 따라서 일본 정부가 '한국'이라는 국적란 표기를 인정했기 때문이다. 즉, 일단 좌절했던 고대원이 미국을 정점으로 하는 이부키 대장의 명령에 따라서 가나야마 노인의 '분노'가 전위된 괴수·무르치를 퇴치하는 장면은, 재일조선인의 국적을 분열·고정화시킨 GHQ의 포지션과도 일치한다고 볼 수 있다.

10. 전후 보상 슈카와 미나토 ≪괴수술사의 유산≫

본장의 요점

2006년에 방영된 울트라맨 시리즈 제17탄『울트라맨 메비우스(ウルトラマンメビウス)』(TBS, 2006년4월8일-2007년3월31일)는 울트라맨 탄생 40주년을 기념해서(제1탄『울트라맨』은 1966년에 방영) 만들어진 특수촬영물 드라마이다. 동 특수촬영물의 제작 과정을 살펴보면,『울트라맨 메비우스』가 울트라맨 탄생 40주년 기념작으로 기획된 것은 전년도인 '2005년 7월'이며, 작품의 방향성은 쇼와 울트라맨 시리즈로의 '원점회귀' 노선으로 결정되었는데, 물론 단순히 쇼와의 역대 울트라맨이나 과거의 인기괴수·외계인을 등장시키는 것뿐만 아니라, 괴수·외계인과 관련된 사건을 인용하면서 전편과의 연관성을 동시대의 콘텍스트에서 재해석하려고 했던 것이 포인트라고 할 수 있다.

이와 같은 울트라맨 탄생 40주년이라고 하는 동시대성을 생각하면, 기획 단계에 들어간 2005년은 전후 60주년에 해당되는 해이며, 또한 한일국교정상화 40주년, 그리고 을사조약 100주년에 해당되는 기념비적인 해로서, '과거 청산'을 둘러싼 한일 양국의 대립이 과열됨과 동시에 반일과 혐한의 양극화 현상이 형성되면서 정치적으로 첨예하게 대립하기 시작한다.

또한 2005년 전후의 한일 관계를 살펴보면, 2004년 4월 22일에 고

이즈미 수상은 반동회의(아시아·아프리카회의)에서 식민지 지배에 대해서 '통절한 반성과 마음으로부터의 사과'를 강조하면서도, 한국과 중국의 반대를 각오하고라도 야스쿠니 신사를 참배하겠다고 의사표명을 했고, 2005년 2월 22일에는 시마네현(島根県) 시의회가 을사조약 때 독도를 시마네현에 편입시킨 날짜와 동일한 날로 '다케시마의 날(竹島の日)' 조례를 제정했다. 그리고 2월 23일에는 주한일본대사 다카노 도시유키(高野紀元)가 '다케시마는 일본의 영도'라는 발언을 했고, 2005년 3월 5일에는 '새로운 역사교과서를 만드는 모임'의 중학교 역사·공민 교과서(扶桑社)가 문부과학성 검정에 재차 통과('독도'를 일본영토로 표기하고 있고, 종군위안부문제에 대한 언급을 회피하고 있으며 또한 '조선의 근대화를 도운 일본'이라는 항목 등을 추가)를 하면서, '과거 청산'을 둘러싼 한국과 일본의 입장 차이가 그 어느 때보다 극명하게 표출된 해이기도 했다.

즉, 『울트라맨 메비우스』가 기획 단계에 들어간 2005년은 아시아 주변국으로부터 일본의 과거 반성 요구와 일본의 역사 망각(=과거 다시 쓰기) 등, '과거 청산'이 큰 화두가 되었던 때였으며, 또한 2005년에 한국정부가 한일회담 관련문서를 일부 공개하자, 일본의 각 미디어는 〈한국에 개인보상 의무〉, 〈개인보상은 한국정부〉, 〈개인의 대일 청구권 소멸〉, 〈식민지 보상-한국정부가 부담〉해야 한다고 보도하면서, 즉 1965년의 한일회담으로 모든 전후 보상 문제는 일괄 타결되었으며, 따라서 모든 식민지지배에 대한 보상은 한국 정부가 스스로 책임져야 한다는 것이 일반적인 반응이었다(아사히신문만이 '일한, 보상으로 격론'이라고 보도).

본장에서는 동시대에 첨예하게 대립한 한일 간의 '과거 청산' 문제에 대해서, 일본인에게 살해당한 아버지의 피해 보상을 요구하기 위해 지구를 찾아오는 『울트라맨 메비우스』 제32화 ≪괴수술사의 유산≫은 어떤 방식으로 보상 문제를 사유하고 있는지를 분석하고자 한다.

작가 소개

슈카와 미나토(朱川湊人, 1963~)

슈카와 미나토는 1963년에 오사카에서 태어나, 5살 때 부모님의 이혼으로 2명의 형·아버지와 함께 생활한다. 초등학교 때부터 에도가와 란포(江戸川乱歩)와 셜록 홈즈 등의 추리소설 및 탐정물을 즐겨 읽었고, 중학교 때부터는 다자이 오사무(太宰治)를 동경, 고등학교 3학년 때에 방송국의 공모 문예상에 응모, 가작에 입상한 것을 계기로 소설가를 결심한다. 대학 졸업 후에는 미술잡지를 발행하는 출판사에 취직, 하지만 꿈을 포기하지 못하고 27살에 퇴사, 결혼 후에도 여러 문학상에 도전하지만 계속해서 낙선한다. 이후, 작풍을 바꿔서 호러 소설에 도전, 2002년에 『부엉이남자(フクロウ男)』로 올요미모노추리소설 신인상을 수상하면서 데뷔, 2003년에 『하얀 방에서 달의 노래를(白い部屋で月の歌を)』로 일본호러소설대상 단편상을 수상한다. 2005년에는 42세의 나이로 『꽃 그대로(花まんま)』라는 작품으로 나오키상을 수상, 2006년에는 특수촬영물 드라마 및 애니메이션을 좋아했던 것이 계기가 되어, 울트라맨 메비우스의 시나리오를 담당하게 된다.

모르는 사람에게는 '울트라맨은 어차피 어린 아이들 프로니까'라고 하는 의식을 좀처럼 떨구기 쉽지 않을지도 모른다. 실제로 어린이 눈속임인 부

> 분도 있고, 나 역시 모든 에피소드를 다 좋다고는 생각하지 않는다. 하지만 그 중에는 히어로의 활약이 불필요할 정도로 완성된 SF 작품도 있고, 사회가 껴안고 있는 문제(차별과 분쟁, 무기개발경쟁 등)를 정교한 우의성으로 표현하고 있는 작품도 있다. 제작진이 소리 높여 공개하지는 않지만, 그러한 양질의 부분이 각각의 히어로 스토리의 백미인 것은 틀림없는 사실이다. 그러한 드라마를 어린 시절에 볼 수 있었던 것은 행복했다.
> (「나의 울트라맨」『문예춘추』 2006년 10월호)

슈카와 미나토는 울트라맨은 단순히 어린이만을 대상으로 제작된 드라마가 아니라, 동시대의 사회가 껴안고 있는 문제들, 예를 들면 차별과 분쟁, 무기 개발 경쟁 등의 다양한 문제들을 메타포를 이용해서 그려내고 있다고 말하고 있다. 특히, 이와 같은 '정교한 우의성'을 제작진의 소개 없이 캐치하는 것을 울트라맨 드라마의 '백미'라고 말하고 있듯이, 본장에서 분석하는 ≪괴수술사의 유산≫에서 메타포는 어떻게 기능하고 있는지를 탐색하는 것은 중요 관전 포인트라고 할 수 있다.

『괴수술사의 유산(怪獣使いの遺産)』

SCENE 1

ビオ「勿論だ。ただし、地求人と握手をする前にどうしても解決しておかなければならない問題がある。わたしはその交渉のために来た」
ミライ「解決しなくてはならない問題？」
ビオ「今から30年ほどの前、一人のメイツ星人が気象観測のためにこの地球に訪れたことがある。しかし、この地球の大気汚染が予想値をよりはるかに越えていたために、彼は深刻な病に犯されてしまったんだ。体力の消耗が激しく、彼は隠しておいた宇宙船を起動する力さえ失ってしまった。やむを得ず、彼は地求人の姿になって身をひそめ、体力を取り戻そうと試みた。しかし、彼が宇宙人だと知った一部の地求人は恐怖のあまり、彼を殺害してしまったのだ。無断で地球に入り込んだわれらにも確かに非はある。けれど、命を奪われるほどの何を彼がしたと言うのか。メビウス、これはわれらメイツ星と地球との問題だ」
ミライ「分かった。君が怪獣を暴れさせることなく、平和的に地求人と話し合うと言うなら、僕は手を出さない」
ビオ「約束するかね？」
リュウ「大丈夫か、ミライ？」(ビオ、リュウに撃たれる)
ビオ「見たまえ、メビウス。地求人は自分たちと異なるものをすぐに敵と考える」

비오「물론이다. 다만, 지구인과 악수를 하기 전에 반드시 해결하지 않으면 안되는 문제가 있다. 나는 그 교섭을 위해서 왔다」
미라이「해결해야 할 문제?」
비오「지금으로부터 30여 년 전, 한 명의 메이트 성인이 기상관측을 위해서 이 지구를 방문한 적이 있다. 그러나 이 지구의 대기오염이 예상치보다 훨씬 높았기 때문에, 그는 심각한 병에 걸리고 말았다. 체력 소모가 심해져서 그는 숨겨둔 우주선을 작동시킬 힘조차 잃어버렸다. 어쩔 수 없이 그는 지구인의 모습으로 몸을 숨기고 체력을 회복하려고 했다. 하지만 그가 외계인이라는 사실을 알게 된 일부 지구인은 공포 때문에, 그를 살해해버린 것이다. 무단으로 지구에 들어온 우리들에게도 물론 책임은 있다. 하지만 목숨을 빼앗길 만큼의 그 무엇을 그가 했단 말인가. 메비우스, 이것은 우리들 메이트 별과 지구와의 문제다」

미라이「알겠다. 당신이 괴수를 폭주시키지 않고 평화적으로 지구인과 이야기를 나눈다면, 나는 나서지 않겠다」

비오「약속할 수 있는가?」

류 대원「괜찮아, 미라이?」(비오, 류 대원이 쏜 총에 맞고 쓰러진다)

비오「봐라, 메비우스. 지구인은 자기들과 다른 사람들을 바로 적으로 간주한다」

SCENE 2

みこちゃん「先生、あのおじさん、怪我している」

保育園の先生「この人、人間じゃない。きっと宇宙人だわ」

みこちゃん「でも、先生、宇宙人でも怪我をしたら痛いよ」(怪我したビオにハンカチを渡す)

保育園の先生「みこちゃん、止めなさい」(しかし、他の園児たちもハンカチを渡す)

園長先生「みこちゃん、立派よ。本当にあなたが言った通り。宇宙人だっ

て怪我をしたら痛いのよ」(みこちゃんからハンカチを受け取り、ビオの腕の傷を巻いてあげる)
リュウ「みんな、離れるんだ」
ミライ「ビオさん、もう止めて下さい。地求人とメイツ星人はきっと仲よくすることが出来ます。お互いに武器を捨て、何度でも話し合いましょう。今すぐ、宇宙船を止めて下さい」
ビオ「われらの痛みを知るがいい。地求人共め」(ビオは念力で宇宙船をコントロールしながら、町を破壊させる)
ミライ「これは地球とメイツ星との問題。僕はどうすればいいんだ」
リュウ「ミライ、何やってる？町が大変なことになっているんだぞ」(ミライ、リュウの言葉に頷き、ウルトラマンに変身)

미코「선생님, 저 아저씨, 다쳤어요」
선생님「이 사람, 인간이 아냐. 틀림없이 외계인일거야」
미코「하지만 선생님, 외계인이라도 다치면 아프잖아요」(상처 입은 비오에게 손수건을 건넨다)
선생님「미코야, 그만둬」(하지만 다른 보육원생들도 손수건을 건넨다)
원장 선생님「미코는 참 훌륭하구나. 모든 게 미코가 얘기한 대로야. 외계인이라도 다치면 아프단다」(미코로부터 손수건을 받아 비오의 팔에 난 상처에 감아준다)
류 대원「모두, 물러서」
미라이「비오, 이제 그만두세요. 지구인과 메이트 성인은 반드시 사이좋게 지낼 수 있어요. 서로 무기를 버리고 몇 번이고 이야기를 해봅시다. 지금 바로 우주선을 멈춰 주세요」
비오「우리들의 고통을 느껴봐라. 지구인 녀석들」(비오, 초능력으로 우주선을 움직여서 마을을 파괴한다)

미라이「이것은 지구인과 메이트 별과의 문제. 난 어떻게 하면 좋단 말인가」
류 대원「미라이, 뭘 하고 있는 거야? 마을이 큰 일 났어」(미라이, 류 대원의 말에 수긍을 하며 울트라맨으로 변신)

SCENE 3

園長先生「ご存じない？おなたのお父様はこちらにいる間、地求人の少年と二人で暮していたのよ。身寄りを亡くして、一人ぼっちだった少年と。わたしが出会った頃、その少年は少し大きなお兄さんになっていたの。そのお兄さんに聞いたのよ。二人でとても楽しい時間を過ごしていたことを。多分、お父様はもう自分の星に帰らないことを覚悟なさっていたのね。だから、きっとあなたの面影をお兄さんに見て、一緒に過ごしていたのよ」
(回想シーン)
子供の時の園長先生「円盤が出てきたら、どうするの？」
リョウ少年「メイツ星に行くんだよ。おじさんは言ってたんだ。いつかメイツ星人と地求人が手を取り合って、仲よくできる日が必ず来るって。だから、おれ、一足早くメイツ星に行ってみたいんだ。そして、おじさんの仲間たちと握手するんだよ」
園長先生「わたしはその言葉に感銘を受けました。違う星の人間同士でも、心を通わせることが出来るのだと教えられたんです。いつの頃からか、他の人にもその言葉を伝えたいと思うようになって、今では保育園の園長ですわ。(カメラは園児たちをクローズアップ)あなたのお父様が地求人の少年に残した愛情という遺産はわたしの園の子供たちがしっかり受け継いでいます。この子たちが大きくなる頃、この星はきっと今より優しくなっているでしょう」

원장 선생님「모르고 계셨어요? 당신의 아버님은 이곳에 있을 때, 지구인 소년과 둘이서 지내고 있었어요. 가족을 잃은 외톨이 소년과 함께. 내가 그 소년을 만났을 때, 그 소년은 조금 성장한 오빠가 되어 있었어요. 그 오빠에게 들었어요. 둘이서 정말로 즐거운 시간을 보냈다는 것을. 아마 아버님도 더 이상 자기 별로 돌아가지 않기로 각오했다고 생각해요. 따라서 아마 당신의 모습을 그 오빠에게서 느끼며 함께 살았을 거예요」

(회상)

어린 시절의 원장 선생님「원반이 나오면 어떻게 할 거야?」

료 소년「메이트 별에 갈 거야. 아저씨가 말했어. 언젠가 메이트 성인과 지구인은 손을 잡고 사이좋게 지낼 날이 반드시 올 거라고. 그래서 난 한 발 먼저 메이트 별에 가보고 싶어. 그리고 아저씨 친구들과 악수할 거야」

원장 선생님「나는 그 말에 감명을 받았습니다. 다른 별 사람끼리도 서로의 마음을 이해할 수 있다는 것을 일깨워 주었어요. 언제부터인가 다른 사람들에게도 그 말을 전하고 싶었고 그래서 지금은 보육원 원장이에요. (카메라 앵글은 보육원 아이들을 클로즈 업) 당신의 아버님이 지구의 소년에게 남긴 애정이라고 하는 유산은 우리들 보육원 아이들이 확실히 물려받았어요. 이 아이들이 어른이 될 무렵, 이 별도 반드시 지금보다 아름다워져 있겠죠」

줄거리

제32화 ≪괴수술사의 유산(怪獣使いの遺産)≫(2006년11월11일 방영)은 1971년에 방영된『돌아온 울트라맨』제33화 ≪괴수술사와 소년(怪獣使いと少年)≫의 후속편으로 제작되었다. ≪괴수술사와 소년≫은 지구의 기후와 풍토를 조사하러 온 메이트 성인(가나야마=金山)과 그와 함께 살고 있었던 지구인 고아 소년(사쿠마료=佐久間良)이 일본인의 이질적인 존재에 대한 집단적 무의식의 폭주로 인해 소년은 주위 일본인들에게 집단폭행을 당하고, 가나야마 노인은 경찰의 총에 맞아 살해되는 이야기이다. 동 작품의 무대가 당시 재일조선인의 다주지역이었던 가나가와현(神奈川県) '가와사키(川崎)'라는 점과 외계인의 이름이 조선인을 강하게 연상시키는 '가나야마(金山)'라는 점, 그리고 동 작품의 감독(東篠昭平) 역시 소년의 얼굴이 '조선인'을 강하게 연상시키는 모습이었고, 따라서 동시대의 많은 시청자들에게는 재일조선인 문제로 받아들여졌을 것이라고 말하고 있다. 그리고 후속편으로 만들어진 ≪괴수술사의 유산≫은 전편의 사건으로부터 30여 년 후, 지구인(=일본인)에게 살해당한 아버지(가나야마=조선인)의 죽음에 대해서, 메이트 별의 아들 비오(ビオ)가 지구의 일본인에게 동 사건에 대한 보상을 청구하러 오는 이야기이다.

울트라맨 시리즈는 초기 단계 때부터 '동아시아/일본/미국'이라고 하는 삼각구도의 메타포로 해석되는 경우가 많았고, 본장에서 분석을 시도한 제32화 ≪괴수술사의 유산≫ 역시 그러한 삼각구도를 잘 나타낸 드라마라고 할 수 있다. 물론 중요한 점은 동 드라마에서 '동아시아/일본/미국'이라고 하는 삼각구도를 추출해내어 단순히 비판하는 것이 아니라, 이와 같은 삼각구도가 한일 보상 문제라고 하는 개별적인 콘텍스트 속에서는 어떠한 의미를 가지는지에 대해서 구체적으로 검토하는 것이라고 할 수 있다.

작품 해설

SCENE 1 울트라맨의 우의성과 노무현 대통령

슈카와 미나토는 울트라맨은 단순한 '어린이 프로'가 아니라 동시대의 사회가 껴안고 있는 차별과 분쟁, 무기개발 경쟁 등의 여러 문제들을 비유적으로 나타내고 있다는 것을 캐치하고 있었고, 또한 "모두가 앞으로 앞으로 나아가려 했던 시대에도 역시 전쟁의 상흔은 여전히 남아 있었습니다. 지금 현재 역시도 전후 청산이라고 하는 것은 어중간하게밖에 처리되지 않았습니다. 하지만 나를 포함한 세대는 전쟁 따위 완전히 잊어버리고 순식간에 지금에 이르렀다고 생각하고 있는 것은 아닐까요"(「우연히 인간으로 태어났지만」『책의여행자』 2006년1월호)라고 말하고 있듯이, 전쟁에 대한 '전후 청산'이 어중간하게밖에 처리되지 않았을 뿐만 아니라, 전쟁을 경험하지 않은 전후 세대의 많은 사람들에게는 전쟁에 대한 책임의식이 누락되어 있다고 지적하고 있다.

그렇다면, '전후 청산'의 미해결을 지적하는 슈카와 미나토는 구체적으로 어떤 방식으로 동시대의 한일 관계를 그려내고 있을까. 위의 인용문은 메이트 별의 비오가 울트라맨 메비우스로 변신하는 지구방위대 가이즈의 미라이 대원에게 지구에 온 목적에 대해서 말하는 장면인데, 메이트 성인 비오는 지구에 온 목적은 궁극적으로는 '지구와 우호를 맺는 것'이지만, 그 전에 30여 년 전에 지구인에게 살해당한 메이트 성인의 보상을 요구한다. 여기서 중요한 점은 비오는 지구인과 '교섭'을 할 정도의 고위 정치인, 즉 메이트 별의 대표 및 대리인이라고 볼 수 있는데, 비오의 이러한 보상 요구의 말이 끝나자마자 괴수방위대 가이즈의 류 대원은 비오를 단순한 침략자로 간주하고 공격해버린다.

이와 같은 설정은 메타포적인 측면에서 보면, 동시대의 노무현 대통령의 3.1절 기념 연설과 동 연설에 대한 고이즈미 쥰이치로(小泉純一郎) 수상의 대응을 연상케 한다. 2005년도 제86주년 3.1절 기념사에서 노무현 대통령은 일본과의 관계에 대해서, "저는 그동안의 양국관계 진전을 존중해서 과거사 문제를 외교적 쟁점으로 삼지 않겠다고 공언한 바 있습니다. 그리고 이 생각은 지금도 변함이 없습니다. 과거사 문제가 제기될 때마다 교류와 협력의 관계가 다시 멈추고 양국간 갈등이 고조되는 것이 미래를 위해서 도움이 되지 않는다고 생각했기 때문입니다. 그러나 우리의 일방적인 노력만으로 해결될 수 있는 일이 아닙니다. 두 나라 관계 발전에는 일본 정부와 국민의 진지한 노력이 필요합니다. 과거의 진실을 규명해서 진심으로 사과하고 배상할 일이 있으면 배상하고, 그리고 화해해야 합니다. 그것이 전 세계가 하고 있는 과거사 청산의 보편적인 방식입니다. 저는 납치문제로 인한 일본 국민의 분노를 충분히 이해합니다. 마찬가지로 일본도 역지사지해야 합니다. 강제징용에서 일본군위안부 문제에 이르기까지 일제 36년 동안 수천, 수만 배의 고통을 당한 우리 국민의 분노를 이해해야 할 것입니다"라고 말하지만, 이에 대해 고이즈미 수상은 '국내용', 즉 반일 감정을 조장하기 위한 정치적 쇼라고 일축해 버린다. 그리고 이에 따라 3월 17일, 노무현 대통령은 대국민 성명 발표를 통해서 기존의 '일본의 자발적인 과거 청산'이라고 하는 소프트 정책에서 식민지지배에 대한 '진실규명, 진정한 사죄와 반성, 그리고 그 후의 용서와 화해'로 강경노선으로 대일정책을 변경하게 된다.

이와 같은 한국의 노선변경은 드라마 속에서 일본의 자발적인 사죄를 요구하던 비오가 울트라맨이 소속되어 있는 괴수방위대 류 대원에게 공격을 당하자 갑자기 공격적으로 태도로 바뀌는 설정과 일치한다고 볼 수 있다. 그런데 여기서 주의할 점은 '미국'을 상징하는 울트라맨 메비우스(=미라이)는 '당신이 괴수를 폭주시키지 않고 평화적으로 지구인과 이야기를 나눈다면, 나는 나서지 않겠다'라고 말하고 있듯이 '과거 청산'을 둘러싼 메이트 별과 지구, 즉 한국과 일본과의 관계에서 중립적인 포지션을 지키고 있다는 점이다.

SCENE 2 〈쿨 화법〉의 정치학

앞서 설명한 바와 같이, 드라마 속에서 비오는 국가 대 국가의 '교섭'을 바랬지만, 류 대원의 발포로 '교섭'은 좌절된다. 그리고 주목할 점은 여기서 드라마는 국가 대 국가의 구도에서 개인 대 개인의 구도로 방향 전환하게 된다는 것이다. 예를 들면, 부상을 당한 비오에게 동정적인 보육원 아이들과 원장선생님이 등장하는데, 감정적으로 변해가는 비오와는 달리 보육원 아이들과 원장선생님의 침착하고 이성적인 모습이 클로즈업된다. 또한, 주위는 가이즈의 전투기와 비오의 전투기가 전투를 벌이고 있고 비오는 총상을 입어 녹색 피를 흘리고 있는데도 불구하고, 아이들과 원장선생님은 이성적이고 침착하게 그려지고 있다. 이와 같은 표현 기법이 흥미로운 것은 만화 등의 서브컬처에서 자주 사용되고 있는 '이성적' 표현 문법, 달리 말하자면 〈쿨 화법〉이 동 드라마에서도 상당수 사용되고 있다는 사실이다.

서브컬처에서 일반화된 〈쿨 화법〉이란 '이성적 존재와 무지하고 감정적인 존재'라고 하는 이항대립적인 대비 구도를 부각시키고, 또한 이러한 비대칭적인 구도는 식민지 지배를 둘러싼 '가해／피해' 관계 속에도 교묘하게 이식·전위되며, 결국에는 '피해자의 권리 회복 청구를 무참히 거절'할 뿐 아니라, '억압적 현실의 리얼리티를 박탈하고 인지시키지 않는 권력적이고 공격적인 성격'을 띠게 된다(나카니시 신타로 「개화하는 『J내셔널리즘』」『세계』 2006년 2월호). 즉, 〈쿨 화법〉은 사실의 진위를 떠나서 감정적인 존재를 이성적인 존재의 하위 계층으로 서열화시킴으로써, 결과적으로 피해자가 직면하고 있는 현실은 망각되고 가해자의 책임 역시 면죄부를 받게 된다는 것이다. 그리고 드라마 속에서는 자기의 분노를 감정적으로 노출시키는 비오와 이성적이고 침착한 보육원 아이들과 원장선생님이라고 하는 이항대립적인 구도를 강조하는 〈쿨 화법〉이 초점화되는 동시에, 국가 대 국가의 보상 문제가 개인 대 개인의 '우호' 문제로 슬라이드된다.

SCENE 3 청구권 교섭과 미국의 개입

보육원의 원장선생님은 30여 년 전의 비오의 아버지와 소년은 부모 자식과 같이 잘 지냈고, 소년은 지구와 메이트 별의 '우호'를 위해 비오 아버지가 숨겨둔 우주선을 찾아서 메이트 별에 가려했다고 말한다. 하지만 30여 년 전에 소년이 지구를 떠나 비오 아버지와 함께 메이트 별로 가려고 했던 이유는 지구인의 집단적인 차별이 결정적 원인이었다. 즉, 일본인 소년과 비오의 아버지(가나야마) 사이의 '우정'을 강조하는 과거의 재해석은, 결과적으로 비오 아버지에 대한 일본의 가해자 책임과 소년을 집단폭행한 일본인 내부의 차별문제에 대한 일본인 개개인의 책임을 망각시키고 있다고 볼 수 있다.

물론 여기까지의 드라마 속 보상 협상을 둘러싼 프로세스를 보면, 한일 '과거 청산'이 담론화되는 시기에 제작된 『울트라맨 메비우스』 제32화 ≪괴수술사의 유산≫은 노무현 대통령의 3.1절 연설문과 한일회담외교문서 공개를 정치적 쇼, 배상책임은 한국에 있다는 동시대의 일본의 여론과 크게 다르지 않다고도 볼 수 있다. 하지만 주목할 점은 아버지와 소년의 우정을 '유산'으로 계승하고 있다는 보육원 원장 선생님의 말에 의해 비오의 '증오심'는 일단 수그러지는 듯하다가, "아아, 무리다. 다시 한 번 지구인을 믿어보려고 하는 마음이 생기면서도 또다시 증오심이 멈추질 않는다. 아버지를 생각하면, 도저히. 부탁이다. 나의 증오심을 없애줘, 울르타맨 메비우스"라고 또 다시 증오심이 분열된다는 것이다. 그리고 여기서 흥미로운 점은 비오는 자신의 '증오심'의 해소를 '울트라맨 메비우스'에게 부탁한다는 사실이다.

앞서 살펴본 바와 같이, 지구인과 메이트 별과의 보상 문제에 대해서 울트라맨 메비우스는 처음부터 "당신이 괴수를 폭주시키지 않고 평화적으로 지구인과 이야기를 나눈다면, 나는 나서지 않겠다"라고 중립적인 포지션을 지켜왔다. 하지만 보상 문제를 둘러싼 교섭이 난항을 겪자, 결국 괴수방위대는 울트라맨 메비우스로 변신하는 미라이 대원에게 "미라이, 뭘 하고 있는 거야? 마을이 큰일 났어" "메비우스는 반드시 이길 거야"라고 메비우스에게 의존을 하게 되고, 메이트 별의 비오 역시 "나의 증오심을 없애줘, 울트라맨 메비우스"라고 메비우스만이 자신의 '증오심'를 해결해 줄 존재로 인식하게 된다. '지구인/메이트 성인/울트라맨 메비우스'라고 하는 삼각구도를 메타포적으로 해석하면 '한국/일본/미국'이 되는데, 지구와 메이트 별과의 보상을 둘러싼 협상 과정에 초월적인 제3자로서의 울트라맨 메비우스가 소환되는 드라마 설정은 단순한 픽션이 아니라, 2005년 동시대의 대일 청구권 문제의 발단이 된 1965년의 한일조약의 청구권 협정 체결에 이르기까지의 '한국/일본/미국'의 정치적 교섭 형태와 교묘하게 일치하고 있다.

1971년에 방영된 전편 ≪괴수술사와 소년≫에서 일본인 고아 소년은 일본인의 차별 때문에 지구를 떠나 비오의 아버지와 함께 메이트 별에 가기를 결심한다. 즉, 국적 자체를 메이트 별로 변경하는 것을 의미한다고 볼 수 있고, 이것은 1970년 전후의 재일조선인의 국적변경 문제를 비유적으로 그린 것이기도 했다. 특히, 재일조선인의 국적이 '조선'과 '한국'으로 분열된 원인에는 조선전쟁을 앞둔 1950년 3월에 자유진영의 결속을 다지기 위해서, 미국의 주장에 따라서 일본 정부가 '한국'이라는 국적란 표기를 신설·인정했기 때문이었다. 그러나 2006년에 방영된 후속편 ≪괴수술사의 유산≫에서는 소년에 대한 일본인의 가해자 책임을 망각한 채, 당시의 국적을 기준으로 소년을 '일본인'으로 포섭해버린다. 또한 소년과 비오 아버지와의 우정을 강조함으로써 양국 간의 우호 조약을 체결하기 위한 평화 전도사로서의 역할을 소년에게 떠맡기려고 한다.

하지만 지구와 메이트 별과의 보상 문제를 둘러싼 교섭은 난항을 겪게 되고, 결국에는 양측 모두 울트라맨 메비우스에게 의존하게 된다. 이러한 전개를 메타포적인 측면에서 보면, 한일 간의 식민지 지배에 대한 전후 보상 문제의 뿌리에는 미국이 개입되어 있고, 청구권 범위를 둘러싼 한일 교섭 과정에 미국의 역할이 상당수 컸다는 사실을 상기시킨다. 특히, 패전 직후 미국의 개입으로 만들어진 일본의 법률 체계는 전전과 전후에 한국인의 국적이 다르다는 이유로 징용자 보상금과 유족 연금법에서 한국인을 제외시키게 되는데, 이것은 드라마 속에서 소년의 국적을 기준으로 배제와 포섭을 반복하는 장면과 일치한다고 볼 수 있다. 그렇게 생각할 때, 드라마의 마지막 엔딩 장면에서 보육원 원장선생님이 전편의 소년에 대해서 "내 안에는 불타오르는 석양 속에서 왠지 즐겁게 구덩이를 파고 있는 그 사람의 모습이 지금도 지워지지 않고 남아 있습니다"라고 회상하며 소년의 모습을 '즐겁게 구덩이를 파고 있'다고 긍정적으로 기억하는 장면은, 샌프란시스코 조약에 의한 청구권 범위 축소와 국적을 기준으로 한국인의 개인 청구권에 대해서 한 푼도 보상하지 않았던 일본정부의 포지션을 비판적으로 사유하고 있다고도 해석할 수 있다. 전후 식민지 지배에 대한 보상 문제는 단순히 한일 양국 간의 문제로 국한시켜 반일감정(또한 혐한감정)을 조장하는 것이 아니라, 미국을 포함한 조금 더 중층적인 관계성 속에서 자기 비판적으로 분석해 나가는 것이 중요하다.

◈ 전후 재일조선인 연표

연도	재일사회	일본사회	남북사회
1945년	유바리탄광의 조선인 노동자 6000명, 노동조건 개전을 요구하며 일제히 파업(10.8). 재일본조선인연맹 결성(10.15)	포츠담선언 수락에 따라 제2차대전 종결(8.15). 『일미회화수첩』 간행, 360만부 판매(9.15). 노동조합법 공포(12.22)	식민지 지배로부터 해방, 북위 38도선을 사이에 두고 미소의 분할점령에 합의. 남한에 대한 미군정 개시
1946년	김달수를 중심으로 일본어 종합잡지 『민주조선』 창간(46.4~50.7). 재일본조선거류민단 결정(10.3)	천황의 인간선언(1.1). GHQ, 군국주의자의 공직 추방을 발표(1.4). 제1차 요시다 시게루 내각 성립(5.22)	북한 노동당 결성, 김일성 위원장 선출(8.28). 인민당, 신민당, 공상당이 합당해서 남한 노동당 결성(11.23)
1947년	일본국헌법 시행 전날, 대일본제국헌법 하의 마지막 칙령으로 구식민지 출신자는 「당분간 이를 외국인으로 간주한다」라는 취지의 외국인등록령 공포, 시행(외국인등록과 등록증의 상시 휴대를 의무화)(5.2)	신학교교육법에 의한 6·3제 실시(4.1). 일본국헌법 시행(5.3). 제국대학의 명칭 폐지(10.1). 아동복지법 공포(12.12)	남한, 민주주의민족전선 하의 정당·단체 간부·좌익 언론인의 대량 검거 시작(8.12). UN총회, 미국이 제출한 임시조선위원회설치결의를 채택(11.14)
1948년	문부성, 조선인학교 설립 불승인(1.24). 점령군의 고베 군정부, 고베조선인학교 사건으로 비상사태 선언(4.25). 오사카, 효고, 오카야마의 각 지사는 조선학교 폐교령을 발령. 재일본조선거류민단을 재일본대한민국거류민단으로 개칭(10.3)	일미 간 국제전화 개통(1.4). 제1회 NHK 전국노래자랑 콩쿠르 우승 대회 개최(3.21). 미소라 히바리, 가수 데뷔(5.1)	제주도 4·3사건 발발. 대한민국 수립(이승만대통령, 제1공화국 46~60). 조선민주주의인민공화국 수립, 김일성 수상 취임(9.9)

1949년	재일본조선인연맹, 단체등규정령에 따라 해산 명령(9.8). 일본 정부, 조련계 조선학교 93교에 「학교폐쇄령」을 발포. 245교에 「개조령」을 발포(10.19)	GHQ 일스 고문, 니이가타대학에서 「적색교수」 추방을 강연(7.19). 유카와 히데키, 노벨물리학상 수상(11.3)	UN 안보리, 한국의 UN 가맹안을 부결(4.8). 한국 정부, 통일파 의원의 체포를 개시. 김구, 암살(6.25)
1950년	한국전쟁 발발, 민단에서 「재일한교자원군」(지원병) 결성(8.8). 한국군에 편입되어 641명이 참전(9.13)	GHQ, 신문협회 대표에게 공산당원 및 그 동조자 추방을 권고, 레드 퍼지 개시(7.24)	한국전쟁 발발(6.25~53.7.27 휴전). 트루먼 대통령, 한국전쟁에서 「원폭 사용도 있을 수 있다」고 발언(11.30)
1951년	재일본조선통일민주민족전선(민선) 결성(1.9). 일본공산당 제4차 전협 개최, 「재일소수민족과의 연계 강화」를 주장(2.23). 출입국관리령·출입국관리청설치령 공포(10.4)	제1차 추방 해제 발표, 정재계인 등 2958명(6.20). 일미안전보장조약 조인(9.8). 일본에서 첫 프로레슬링 경기 시작, 역도산 대 바비 브라운스(10.28)	UN 총회, 한국전쟁과 관련해서 중국 정부를 침략자로 규정한 비난결의안을 채택(2.1)
1952년	법무부의 통달에 따라 구식민지출신자는 일본국적을 완전하고 일방적으로 박탈. 외국인등록법 공포, 시행. 오사카·스이타시에서 한국전쟁 2주년 기념집회가 개최, 데모 행렬이 조차장에 난입하는 〈스이타사건〉 발생(6.24)	GHQ, 병기제조허가를 지령(3.22). 공직추방령 폐지(4.21). 샌프란시스코강화조약 발효(4.28). 시라이 요시오, 복싱 세계 플라이급 타이틀 매치에서 일본인 최초 세계선수권을 획득(5.19)	한국 정부는 「해양주권선언」을 발표하고, 「이승만라인」을 선포(1.18). 제1차 한일정식회담 개최(2.15)
	문부성, 조선인 자녀에게 「은혜」라는 입장에서 일본인학교 입학을 인정(2.11). 도쿄도교육위원	NHK, 도쿄에서 텔레비전 본방송을 개시(2.1). 일본적십자 등을 통해 중국으로부터의	제3차 한일회담 개최(10.6). 구보타 간이치로 대표의 「일본의 조선 통치는 조선인에게

1953년	회, 도립조선인학교에 대해서「이데올로기 교육·집단 진정 금지」등, 민족 교육 과목의 과외화를 통달(12.8)	귀환 개시(3.23). 일본 테레비, 본방송을 개시(8.28). 중앙합창단, 〈1953년 일본의 노랫소리〉를 개최(11.29)	혜택을 주었다」라는 발언이 원인이 되어 회담 결렬(10.15). 북한의 특별군사법정에서 구남조선 노동당계 간부 10인에게 반역죄로 사형 판결(8.6)
1954년	도쿄도교육위원회, 도립조선인학교에 대한 55년 3월 이후 폐교를 통지. 도쿄도교직원조합연합, 반대 성명 발표. 교섭 결과, 55년 3월부터 각종학교 자격으로 인가(10.4)	제5후쿠류마루, 비키니에서 실시된 미국의 수소폭탄 실험으로 피재(3.1). 정부, 독도(다케시마)의 영유권 문제를 국제사법재판소에 제소하자고 한국에 제안(9.25)	한국, 동해(일본해)에 위치한 독도(다케시마)에 영토표식을 설치(1.18)
1955년	외국인등록법에 기초한 지문압날제도개시(4.28). 재일본조선인총연합회 결성(5.26)	제1회 원수폭금지세계대회 히로시마대회 개최(8.6). 자유당과 민주당이 합동해서 자유민주당 결성(11.15)	북한의 남일 외상, 일본과의 국교수립 및 경제, 문화 교류를 위한 협상 의사가 있다고 하는 성명 발표(2.25)
1956년	북한과 일본적십자는 재일조선인 귀환문제와 북한 잔류 일본인의 귀국 문제에 대해서 회담(2.27). 조선대학교 창립(4.10)	필리핀과의 배상 협정 문제 조인(5.9). 일소국교 회복(10.19). UN 총회, 일본의 UN 가맹안을 전원일치로 가결(12.18)	북한, 천리마운동(증산운동) 개시. 국민경제발전 5개년 계획을 2년 반 만에 달성
1958년	고마츠가와고등학교 야간에 재학 중이던 이진우, 같은 학교 주간에 다니는 여고생을 강간 후 살해(고마츠가와사건). 체포 후, 식당 여종업원을 살해한 추가 사실이 밝혀지면서 사형 선고(8.21)	인도네시아와의 평화조약·배상 협정 등 조인(1.20). 문부성, 도덕교육의 실시요망을 통달(3.18). 텔레비전 수신 계약자수 100만 돌파(5.16). 도쿄타워 완공(12.23)	한국 정부, 이승만라인 침범을 이유로 억류해두었던 일본인 어민 300명을 일본으로 송환(2.1)

1959년	민단, 〈북한송환반대투쟁위원회〉 결성(2.2). 제1차 귀국선, 니이가타에서 북한 청진으로 출발(12.14)	후지테레비, 개국(3.1). 황태자 결혼(4.10). 국민연금법 공포(4.16)	일본과 북한의 적십자 대표, 인도 콜카타에서 일본 거주 조선인의 북한 귀국에 관한 협정에 조인(8.13)
1960년	일본과 북한의 적십자 대표, 니이가타에서 재일조선인 귀국문제에 관한 회담 개최(9.5). 현행 귀국협정의 1년 연기에 합의서 조인(10.27)	일미 안보개정조약 비준서 교환, 발효(6.23). 각의, 국민소득배증계획을 결정(12.27)	4·19혁명(서울에서 대통령 선거 부정 투표에 항의하며 학생과 시민에 의한 데모). 이승만, 하와이로 망명(5.28)
1961년	『조선시보』(일본어판) 창간(1.1). 월간잡지 『월간 조선자료』 창간(2.25)	고도경제성장으로 소비 혁명, 레저 붐이 시작	한국, 군사 쿠데타 발생(5.16). 박정희, 방미 도중에 일본 방문(11.12)
1962년	조선대학교(제1연구동), 1962년도 일본건축연감상 수상(7.3)	텔레비전 수신 계약자 수 1000만 돌파(3.1)	한국 군사정권, 정치활동정화법을 공포(3.16)
1963년	역도산, 아카사카의 카바레에서 야쿠자의 칼에 찔려 사망(12.15)	궁내청, 고야마 이토코의 기사 「미치코님」(『평범』)의 게재 중지를 요청(3.11)	박정희, 한국 대통령에 취임, 제3공화국 발족(12.17)
1964년	『조선체육신문』 창간(1.1). 월간잡지 『조국』 창간(1.1). 조일합작기록영화 「천리마조선」 완성(4.30). 같은 해, 각지에서 한일회담 반대 대중대회가 개최	해외관광여행의 자유화(4.1). 도카이도신칸센 개통(10.1). 도쿄올림픽 개최(10.10). 미국의 원자력 잠수함 〈시드래곤〉이 사세보에 입항(11.12)	6·3사태 발생, 한일조약 반대 데모가 격화되어, 서울에 비상계엄령 선포(7.28)
1965년	「한일기본조약 및 제협정」 조인(6.22). 재일조선인 법적지위협정을 통해, 한국 국적을 인정하고, 협정영주권을 부여. 문	「베트남에 평화를! 시민문화단체연합」(베평련) 주체의 데모 진행(4.24). 일본테레비, 「논픽션 극장-베트남	한일기본조약 조인(6.22). 북한, 한일조약 불인정·배상청구권 보유 성명(6.23). 한국 정부, 전투부대 1개 사

	부성 차관, 조선인학교를 「정규학교」「각종학교」로 인가해서는 안 된다고 통달(12.28)	해병대대전기」 제1부를 방영(제2부는 방영중지)(5.9)	단의 베트남 파병을 결정(7.2)
1967년	영주권을 취득한 한국국적의 재일조선인에게 일본 국민건강보험법을 적용(4.1)	일본기독교단, 제2차대전에 대한 책임 고백을 발표(3.26)	북일귀국협정에 따른 제154차 마지막 북한 귀국선 출발(10.28)
1968년	김희로 사건 발생(2.20). 미노베도지사, 조선대학교를 인가(4.17)	문부성, 신화교육 내용을 담은 신학습지도요령을 발표(7.11). 가와바타 야스나리, 노벨문학상 수상(10.17). 도쿄에서 〈메이지100년기념식전〉 개최(10.23)	북한 게릴라부대에 의한 청와대 습격사건, 일명 김신조사건 발생(1.21)
1970년	히타치제작소 취업차별 문제 재판 개시(재일한국인 박종석은 채용 통지를 받았지만, 이력서에 국적을 표기하지 않았다는 이유로 채용 취하). 도쿄도, 조선학교에 대한 조성금을 지급. 이후, 전국으로 확대.	오사카만국박람회 개최(3.14). 미시마 유키오 등 〈다테노카이〉 회원 5인, 도쿄 자위대 총감부에 난입해서 구테타를 호소한 뒤, 미시마 유키오 등 2인은 할복자살(11.25)	적군파 학생 9명, 129명의 승객을 태운 일본항공 351편 여객기(요도호)를 공중 납치. 이후, 한국 김포공항을 경유해서 북한으로 도주(3.31). 부산-시모노세키, 부관페리 취항(6.19)
1972년	월간잡지『오늘의 조선』 창간(1.10). 이회성, 재일조선인 최초로 아쿠타가와상 수상. 민단과 조총련, 전국에서 남북공동성명 지지대회를 개최(8.15)	연합적군에 의한 아사마산장사건 발생(2.28). 가와바타 야스나리, 자택에서 가스자살(4.16). 오키나와 시정권, 일본으로 반환(5.15). 중일국교수립(9.29)	남북공동성명 발표(7.4). 한국중앙정보국(KCIA), 정부 풍자시를 발표한 김지하를 연행(4.12)

1973년	방일 중이던 김대중, 도쿄 호텔에서 정체불명 단체에게 강제 연행(8.8). 한국민주회복통일촉진국민회의(한민통) 결성(민단, 분열). 계간잡지 『마당』 창간	수은병 환자 도쿄교섭단, 질소 보상 교섭 타결(7.9). 인도네시아 수마트라에서 구출된 전 전 일본인 병사(요코야마 도시스케), 실명된 채 귀국(9.17)	한국 정부, 김대중에 관한 23일 〈요미우리신문〉 「정부기관개입」의 기사를 삭제 요구. 요미우리신문사, 거부. 한국의 요미우리신문사 서울지국 폐쇄 및 특파원 추방(8.24)
1974년	히타치취직차별사건 재판, 전면 승소 판결. 박종석은 히타치제작소에 입사(8.27)	인도네시아 모로타이섬에서 대만 출신 전 중 일본병사·나카무라 데루오의 신변 확보(12.26)	재일한국인 문세광, 서울에서 박정희 대통령을 저격 시도, 빗나간 총탄에 육영수 대통령 영부인 사망(8.15)
1975년	후생성, 외국인 피폭자에게 「피폭자건강수첩」 교부 결정. 전전공사(준국가공무원)가 재일조선인의 수험을 거부. 이후, 공무원 국적 조항 철폐 운동 확산. 민단 주도의 〈모국(한국) 방문단〉 결성(4.4). 계간잡지 『삼천리』 창간	황태자 부부의 오키나와 방문, 히메유리탑 앞에서 시민들의 화염병 투척(7.17). 오키나와해양박람회 개막(7.19). 천황·황후의 공식 기자회견, 원폭 투하는 어쩔 수 없었다고 발언(10.31)	박정희 대통령은 계속적으로 반정부운동을 전개하는 고려대학교에 휴교 명령. 고려대학교는 무기한 데모에 돌입(4.8). 일본 자민당 북한방문위원단 13명, 김일성 주석과 회담(7.27)
1977년	최고재판소 재판관회의에서 재일한국인도 사법연구생으로 채용하기로 결정. 김경득, 전후 최초로 재일조선인 변호사 자격 취득	중의원 예산위, 〈한일유착〉에 대해서 집중심의(3.16)	카터 대통령, 주한미군 철수 방침을 한국정부에게 전달(3.9)
1979년	오사카 야오시, 시직원의 국적조항을 철폐. 미에현, 한국 국적의 재일조선인을 공립학교 교사로 채용. 조총련 주도의 〈단기 조국(북한) 방문단〉 결성(8.12)	도조 히데키 전 수상을 포함한 A급 전범 14명, 전년도에 은밀히 야스쿠니신사에 합사된 사실이 판명(4.19)	박정희 대통령, 김재규 중앙정보부장에게 사살(10.26). 12·12 쿠데타 발발.

1980년	지문압날거부운동 전개(한종석 씨 개인에 의한 지문압날거부가 전국적 운동으로 확대). 일본 정부, 재일조선인의 공영주택 입주 자격을 인정. 국민금융공고·주택금융공고 대출 자격조건에서 국적조항 철폐	스즈키 젠코 내각 성립(7.17). 야마구치 모모에, 은퇴 마지막 공연(10.5). 한국 조치훈 8단, 오타케 히데오 9단을 깨고 제5기 바둑 명인에 등극(11.6)	한국 정부, 비상계엄령을 전국으로 확대. 광주사건 발발(5.18). 전두환 대통령 취임(제5공화국 탄생)(9.1)
1981년	「출입국관리 및 난민인정법」 제정, 「특례영주제도」 신설. 아동수당3법 및 국민연금법에서 국적조항 철폐	중국 잔류 일본인 고아 47명, 일본 방문해서 친부모 수색. 신분 판명자 26명(3.2). 불쾌용어정리법 시행(5.25)	사회당 북한방문단, 평양으로 출발. 조선노동당과 동북아시아의 비핵화 선언(3.16)
1982년	문부성, 공립초등학교·중학교·고등학교의 교사로 외국인을 채용하지 말 것을 도도부현 교육위원회에 통지(10.2)	오키나와 현의회, 교과서에서 삭제된 일본군에 의한 현민 학살의 기술 복원을 요청하는 의견서를 채택(9.4)	한국, 독립 이후 34년만에 야간외출금지령을 해제(일부지역 제외)(1.6)
1983년	부모 한쪽이 일본인이면 일본 국적을 인정하는 국적법·호적법 개정안 성립(5.18). 요코하마지방재판소, 지문 날인을 거부해서 외국인등록법 위반으로 기소된 재일 미국 여성에게 벌금 1만 엔의 유죄 판결(6.14). 재일한국인·조선인 34명, 「지문압날거부예정자회의」를 결성, 도쿄 가스미가세키에서 발족식을 거행(9.29)	일본교직원조합, 고등학교 3학년의 3명 중 1명이 자위대로부터 입대를 권유 받은 경험이 있다고 하는 조사 결과를 발표(4.5). 도쿄디즈니랜드 개원(4.15)	나카소네 야스히로 수상의 한국 방문. 대한경제협력으로 40억 달러 합의(1.11). 미얀마 랑군의 아웅산 묘역 폭탄테러사건 발생(북한 공작원에 의한 전두환 대통령 암살 미수 사건). 한국의 서석준 부총리 등 17명 사망(10.9)

1984년	일본체육협회 등, 재일조선인 고등학생의 동계국민체육대회 정식 참가를 인정하지 않고, 비공식참가로 한다고 결정(1.29). 법무부, 한국 연수회에 참가한 재일한국인 12명에 대해, 지문압날거부를 이유로 재입국신청 불허(5.24)	매스컴을 이용한 극장형 범죄, 구리코·모리나가사건 발생(3.18). 나카소네 수상, 한국보도 관계자와 회견, 일본의 조선 통치에 대해서「깊이 반성」한다고 발언(8.22)	아베 신타로 외상, 외무성에 중국인·한국인 이름의 현지 발음채택을 지시(한자표기에는 가나로 음독)(7.4). 전두환 대통령 방일. 쇼와천황, 만찬회에서 불행한 과거에「유감」이라고 표명(9.6)
1985년	국적법 개정에 따라 출생과 동시에 일본국적을 취득하는 재일조선인이 증가. 제1회 원코리아·페스티벌 개최(8.14)	나카소네 수상, 전후 수상 중에서는 처음으로 야스쿠니신사에 공식 참배(8.15). 도쿄고등재판소, 전중 대만인 일본인병사의 국가보상 소송을 기각(8.26)	이산가족, 남북 상호 방문 실현(9.21)
1986년	「외국인등록법일부개정법」 제정(지문압날 1회, 외국인등록증 휴대 의무위반에 따른 징역형 폐지). 도쿄지방재판소, 지문압날제도는 합헌이라는 판결을 제시, 압날 거부로 기소된 재일한국인 피고의 소송을 기각(8.25). 국민건강보험법의 국적 조항 철폐(4.1)	후지오 마사유키 문부대신,『문예춘추』(10월호)에서「한일합병은 한국에도 책임」이 있다고 기술, 직후 한국정부 항의. 문부대신, 파면(9.8). 일본 정부, 한국 내에서의 반대운동을 고려해서 황태자의 방한 연기를 결정(7.19)	서울지방재판소, 연세대학교의 일본인 유학생에게 국가보안법 위반으로 징역 7년 판결(4월 29일, 가석방되어 귀국)(3.10). 한국기독교교회협의회, 황태자 방한에「과거의 죄과를 반성하고 있지 않다」고 반대 성명 발표(5.23)
1987년	김현희에 의한 대한항공기폭파사건을 계기로, 민족복장의 재일조선인에 대한 폭행과 조선인학교에 대한 협박 전화	나고야대학,「전쟁 목적의 학문연구와 교육에 가담하지 않겠다」고 하는 나고야대학 평화헌장을 제정·선	북한, 억류중인 제18후지산마루의 선장 등 2명에게 교화노동 15년형 판결(12.24)

	가 다발(12.28). 계간잡지『민도』창간	언(2.5)	
1988년	일본 정부, 재한피폭자 약 2만 명에 대한 실태와 치료원조대책을 강구하기 위한 조사단 5명을 한국에 파견(5.30)	모토지마 히토시 나가사키 시장, 정례시의회에서「천황의 전쟁 책임은 있다고 생각한다」고 답변(12.7)	한국 대통령으로 노태우 취임(2.25). 서울올림픽 개최(9.17)
1989년	재일조선인 작가·이양지『유희』로 아쿠타가와상 수상(1.12). 서울 유학 중에 스파이죄로 체포된 재일한국인 서준식, 17년 만에 석방(5.25). 계간잡지『청구』창간	쇼와천황, 십이지장유두주위종양(선암)으로 사망(1.7)	북한노동당 대표단, 사회당 초청으로 첫 방일(1.21). 한국, 처음으로 사회주의 국가인 헝가리와 국교 수립(2.1)
1991년	「파친코 의혹」으로 조총련에 대한 비난 고조. 한민통, 재일한국민주통일연합(한통련)으로 개편. 일본고등학교야구연맹, 조선중고급학교의 참가를 특별조치로 인정(3.6)	〈「종군위안부」 문제를 생각하는 모임〉 발족(1.19). 〈종군위안부문제 우리 여성 네트워크〉 결성(11.3)	남북한, UN 동시 가맹(9.17). 남북 수뇌회담에서 조선 한반도의 비핵화 공동 선언(12.31)
1992년	「출입국관리특례법」 제정(특별영주제도 신설). 오사카부교위, 1993년부터 부립고등학교의 한국·조선어 교사를 채용한다고 발표(5.19)	일본의 전후책임을 분명히 밝히는 모임, 위안부 110번을 개설(1.14). 천황 부부, 처음으로 방중. 과거에 대한 반성을 표명(10.23)	조선인 종군 위안부 문제로 방한 중이던 미야자와 기이치 총리가 공식 사죄(1.17). 김영삼, 한국 대통령에 당선(12.18)
1993년	「외국인등록법개정법」 제정(특별영주자 등의 지문 압날 폐지). 오사카 기시와다시의 시의회, 「정주외국인에 대한 지방참정권 등의 인권보장 확립에 대한 요망」을 결의	호소카와 모리히로·비자민6당 연립내각 발족. 일본 정부, 종군위안부의「강제성」을 인정. 호소카와 총리, 기자회견에서 앞선 전쟁은「침략전쟁」이었다고 명언(8.10)	한국통신부, 서울·평양 간의 직통전화 설치를 결정(1.26). 북한, NPT(핵불확산조약) 탈퇴 선언(3.12)

1994년	조선민주주의인민공화국에 대한「핵의혹」이 원인이 되어, 재일조선인에 대한 치마저고리를 찢는 사건 다발. 아동권리조약, 일본에서 발효. 재일본대한민국거류민단, 재일본대한민국민단으로 개칭. 이후, 민단을 중심으로 지방참정권 요구운동 전개	일본 정부, 166만 명의 조선인 징용자 문서 공개(5.17). 무라야마 도미이치 내각 발족(6.30). 무라야마 총리, 한국 방문. 김영삼 대통령과 회담, 북한의 핵문제 해결에 대한 한일협력체제의 강화에 합의(7.23). 오사카만에 간사이국제공항 개항(9.4)	남북수뇌회담 개최에 합의(하지만 김일성 사망으로 실현되지 못함)(6.28). 미북고관회담, 북한의 NPT 복귀, 그 대가로 연락사무소의 상호설치 및 경수로 전환 지원에 합의(제네바합의)(10.21). 한국군에게 평시의 작전통수권이 미군으로부터 반환(12.1)
1995년	인권차별철폐조약, 일본에서 발효. 최고재판소,「정주외국인에게 지방참정권을 부여하는 것을 헌법은 금지하고 있지 않다」고 판결(2.28)	한신·아와지 대지진 발생(1.17). 옴진리교에 의한 지하철사린사건 발생(3.20)	한신·아와지 대지진 이후, 북한에서 조총련으로 100만 달러, 한국에서 민단으로 50만 달러의 의연금 송부

〈참고문헌〉

1장

はるき悦巳(2010)『力道山がやって来た』小学館

はるき悦巳(1980.8.8)「なぜ「少女よ、大志を抱くな」なのか」「朝日ジャーナル」

浅羽通明(2008)『昭和三十年代主義』幻冬舎

石川弘義ほか編(1994)『大衆文化事典』弘文堂

猪瀬直樹(1990)『欲望のメディア』小学館

大澤真幸(2004)『戦後の思想空間』ちくま新書

小林正幸(2011)『力道山をめぐる体験』風塵社

吉見俊哉(2007)『親米と反米―戦後日本の政治的無意識』岩波新書

いいだもも(1973.7)「力道山―暴力を商品化した大和魂」『現代の眼』

朴一(1999)『〈在日〉という生き方』講談社選書メチエ

川村卓(2002)「演じられた「力道山」、演じられた「日本人」」『力道山と日本人』所収, 青弓社

入不二基義(2002.2)「「ほんとうの本物」の問題としてのプロレス」『現代思想』臨時増刊

清水幾太郎ほか編(1953)『基地の子』光文社

坂本孝治郎(1988)『象徴天皇がやって来る』平凡社

梶原一騎(1996)『力道山と日本プロレス史』弓立社

力道山(1954.12)「わがプロセス人生観」『人物往来』

東急エージェンシー力道山研究班編(2000)『RIKI力道山、世界を相手にビジネスした男』東急エージェンシー

八島一郎(1955.3)「力道山・東富士とコンビなるか？」『丸』

2장

宮本輝(1987.1)「紫頭巾」『新潮』
宮本輝(1987.6)『五千回の生死』新潮文庫
井口時男(2003.6)「解説 日本の罪と罰」『戦後短編小説再発見⑪事件の深層』講談社文芸文庫
藤原健固(1994.3)「ソウル五輪開催の背景と韓国国家発展に及ぼした影響に関する研究(1)」『社会科学研究』
立原滋樹(1988.2.16)「ソウル五輪に不気味なカゲ」『世界週報』
小川和久(1988.10)「ソウル五輪とテロリズム」『文藝春秋』
編集部(1959.3.8)「「北鮮帰還」の波紋」『アサヒグラフ』
孫忠武(1988.5.6/13)「金賢姫とソウル五輪をめぐる情報戦」『朝日ジャーナル』
伊藤憲一・小此木政夫・佐藤勝巳(1988.6)「ソウル五輪 危機と抑止の構造」『知識』
菊地嘉晃(2009.11)『北朝鮮帰国事業』中央新書
長谷川慶太郎(1987.2.17)「"初の平和的政権交代"近づく―ソウル五輪を控えた韓国の課題」『世界週報』
梁泰昊(1996.4)『在日韓国・朝鮮人読本』緑風出版
西村敏生(1981.10.16)「分断国家・韓国の期待と不安」『朝日ジャーナル』
小栗敬太郎(1988.8.26)「政治駆け引きに翻弄された南北共催への道」『朝日ジャーナル』
(1959.12.17)「日赤センター爆破計画」『朝日新聞』

3장

水木洋子(1962.7)「シナリオ あれが港の灯だ」『年鑑代表シナリオ集 一九六一年版』所収, ダヴィッド社
水木洋子(1961.7)「シナリオ調査」『シナリオ』

高柳俊男(2002.秋号)「日本映画のなかの在日コリアン像」『環』

椎名麟三(1961.2.27)「今週の映画「あれが港の灯だ」」『報知新聞』

南博(1961.3.下旬号)「映画にあらわれた国際性」『キネマ旬報』

加藤晴子(1978)「戦後日韓関係史への一考察(上)—李ライン問題をめぐって—」『日本女子大学紀要』

佐々木基一(1961.3.下旬号)「ナショナリズムの限界」『キネマ旬報』

鄭大均(1995.10)『韓国のイメージ』中公新書

宮城雄太郎(1953.11)「李ラインと日本漁業」『中央公論』

社説(1965.12.13)「日韓条約と日本の漁業の進路」『朝日新聞』

(1959.11.3)「はかどらぬ日韓会談」『朝日新聞』

(1959.3.8)「「北鮮送還」の波紋」『アサヒグラフ』

국민대학교일본학연구소(2008)『평화선·북송·6차회담』동북아역사재단

4장

筒井康隆(1969.1)「晋金太郎」『推理界』

筒井康隆(1993)『筒井順慶』新潮文庫

筒井康隆(1991)『腹立半分日記』文春文庫

伊藤, 川口記者(1968.3.8)「恐怖の88時間 ライフル魔と人質たち」『週刊朝日』

岡田晋(1968.2.26)「88時間の対決＜中＞ テレビのこわさ」『朝日新聞』

記者座談会(1968.2.25)「「ライフル男」事件を考える」『朝日新聞』

日高六郎(1972.1)「偏見と差別の社会心理学的な構造」『金嬉老公判対策委員会ニュース』27号

鈴木道彦(2007)『越境の時 一九六〇年代と在日』集英社新書

金嬉老(著), 金嬉老公判対策委員会(編集)(1970)『金嬉老の法廷陳述』三一書房

(1968. 2. 23)「罪状公表を金の要求条件」『朝日新聞』

(1968. 2. 24)「差別이 빚은 「恐怖」 김희로 사건」『조선일보』

(1968. 2. 25)「日本 속의 韓国人」『조선일보』

(1968. 2. 23)「差別 시정 위해 투쟁」『중앙일보』

사설(1968. 2. 24)「金岡安廣 사건의 뿌리」『중앙일보』

사설(1968. 2. 27)「金嬉老事件이 告白한 今日以後의 問題」『조선일보』

(2010. 3. 27)「한국인이라 서럽던 '전쟁같은 삶'」『한겨레신문』

(2010. 3. 27)「재일동포 차별에 맞선 '김의 전쟁' 끝나다」『중앙일보』

(2000. 9. 4)「일본 주요신문들 '권씨 사건' 큰 관심」『한겨레신문』

5장

金達寿(1969.10)「金嬉老とはなにか」『中央公論』

金達寿(1968.12.15)「特別弁護人の申請にあたって」『金嬉老公判対策委員会ニュース』5号

金達寿(1970.3.11)「「金嬉老裁判」のために―武茂氏と鈴木氏の一文を批判する―」『金嬉老公判対策委員会ニュース』14号

現地記者座談会(1968.2.25)「「金」と対決88時間」『毎日新聞』

(1968.2.24)「"弁護団"も説得―金氏ら知識人」『朝日新聞』

(1968.2.24)「ライフル男「金」逮捕」『朝日新聞』夕刊

記者座談会(1968.2.25)「「ライフル男」事件を考える」『朝日新聞』

鈴木道彦(2007)「呼びかけ」『越境の時―一九六〇年代と在日』集英社新書

鄭貴文(1968.5)「金嬉老との一時間」『民主文学』

大江健三郎(1968.4)「政治的想像力と殺人者の想像力―われわれにとって金嬉老とはなにか？」『群像』

伊藤成彦(1968.5)「秩序の論理と人間の原理―金嬉老事件についての報告」『展望』

金嬉老公判対策委員会(1968.6.24)「委員会の仕事」『金嬉老公判対策委員会ニュース』1号

上野千鶴子·鈴木道彦(2005.5)「対談 プルーストと<在日>のあいだ」『青春と読書』

外務省条約局(1965)「在日韓国人の法的地位協定」『日本外交主要文書·年表(2)』

林相珉(2011)「金嬉老事件と<反共>—映画「金の戦争」論」『日本文化学報』第51輯

기사(2010.3.27)「한국인이라 서럽던 '전쟁같은 삶'」『한겨레신문』

기사(2009.12.1)「여열사 竹稚 권애라의 생애【24】」『안동권씨종보 능동춘추』 제130호

외교부문서(2000)『재일교민 김희로사건, 1970』외교통상부

외교부문서(2000)『재일국민 김희로사건, 1971』외교통상부

6장

金達寿(1966.4)「苗代川」『民主文学』

金達寿(1980)『金達寿小説全集三』筑摩書房

金達寿(1970)『日本の中の朝鮮文化』講談社

佐藤修(2003)「架橋を希求した作家」『新日本文学』643号

姜魏堂(1973)『ある帰化朝鮮人の記録』同成社

姜魏堂(1966)「不肖の子たち」『生きている虜囚』新興書房

姜魏堂(1947)「壺屋の高麗人」『民主朝鮮』10号

姜魏堂(1948)「列車内の黙劇」『民主朝鮮』19号

姜魏堂(1948)「戯曲 モデル」『民主朝鮮』22号

姜魏堂(1949)「戯曲 恩賜の軍刀」『民主朝鮮』30号

姜魏堂(1950)「朝聯の思い出」『民主朝鮮』32号

井上和枝(2014)「朝鮮人集落「苗代川」の日本化と解体」『薩摩·朝鮮陶工村の四百年』岩波書店
久留島浩(2014)「総論 近世の苗代川」『薩摩·朝鮮陶工村の四百年』岩波書店
미즈노 나오키·문경수(2016)『재일조선인』삼천리

7장

金達寿(1975.4)「対馬まで」『文芸』
金達寿(1980)『対馬まで』『金達寿小説全集 三』筑摩書房
金達寿(1970)『日本の中の朝鮮文化』講談社
金達寿(1976)「朝鮮文化について」『金達寿評論集 上 わが文学』筑摩書房
畑中佳恵(2008)「対馬(長崎県)」『敍説』Ⅲ-02号
佐藤修(2003)「架橋を希求した作家」『新日本文』643号
上田孝志(1979)『対馬郷土物語』対馬新聞社
임상민(2017)「김달수의 전환기 작품 연구」『동북아문화연구』제52호
강남주(1996)「한국 남해 도서와 일본 대마도의 민속문화와 문학에 관한 연구」『비교민속학』제13호
노성환(2001)「대마도의 영토의식을 통하여 본 한일관계」『일본학보』제8호
노성환(2010)「조선통신사와 고구마의 전래」『동북아문화연구』제23호
하우봉(2010)「조선 전기 부산과 대마도의 관계」『역사와 경제』제74호
김영록(2012)「조선후기 대일공무역과 公木」『한일관계사연구』제42호
이승민(2017)「조선후기 대일 도자교역 실태와 그 의미」『조선시대사학보』제81호

8장

宮本輝(1989.3)「力道山の弟」『小説新潮』臨時増刊号

宮本輝(1990)『真夏の犬』文芸春秋社
今村忠純(1990.7)「悲しみの夢」『新潮』
福田一也(1996)『力道山はエラかった』ベースボールマガジン社
小林正幸(2011)『力道山をめぐる体験―プロレスから見るメディアと社会』風塵社
野村進(1996)『コリアン世界の旅』講談社
原尻英樹(1998)『「在日」としてのコリアン』講談社現代新書
栗原彬・杉山光信・吉見俊哉編(1992)『記録・天皇の死』筑摩書房
(1989.1.9)「天皇観には世代差」『朝日新聞』
(1989.1.13)「過剰の時代・素通り世代」『朝日新聞』
(1989.1.7)「天皇陛下 崩御」『朝日新聞』夕刊
(1989.1.7)「「平成」あすから」『朝日新聞』夕刊
(1989.1.16)「「戦争責任」めぐる内外落差」『朝日新聞』
(1989.1.16)「今、歴史を問い直す時」『朝日新聞』
(1989.1.17)「覚悟しろ 家族も同罪」『朝日新聞』
(1989.1.20)「天皇制巡る論議 抑圧される日本」『朝日新聞』
江原由美子(1989.1.25)「天皇の「具体の身体」を見据えることが第一歩」『朝日ジャーナル』
(1990)「高度経済成長のプロローグ」『昭和二万日の全記録 第11巻』講談社
(1983)「韓国の主張」『ザ・力道山』秋田書店

9장

上原正三(1985.3)「キミがめざす遠い星」『24年目の復讐 上原正三シナリオ傑作集』朝日ソノラマ
円谷プロダクション(2009)『ウルトラガイドブック』笠倉出版社
宇野常寛(2011)『リトル・ピープルの時代』幻冬舎

神谷和宏(2011)『ウルトラマンと「正義」の話をしよう』朝日新聞社
切通理作(2000)『怪獣使いと少年』宝島社
野村進(1996)『コリアン世界の旅』講談社
神奈川県自治総合研究センター(1984)『神奈川の韓国·朝鮮人』公人社
姜徹編著(2002)『在日朝鮮韓国人史総合年表』雄山閣
津村喬(1971.4)「田川市―<在日>の基本構造·序説」『現代の眼』
宮崎繁樹(1971.1)「在日朝鮮人の国籍登録変更―「韓国」国籍から「朝鮮」籍書換えをめぐって―『法律時報』
和田英夫(1971.5)「住民と国籍選択の自由―田川市の国籍書換え問題」『法学セミナー』
出版部(1971.4)「朝鮮人国籍―「田川方式」の決着」『世界』
小迫成明(1971.4.30)「田川市 国籍書換えで対決」『朝日ジャーナル』
長塚記者(1971.2.19)「急転した田川市の国籍書換え問題」『週刊朝日』
出版部(1971.2.12)「大国主義的 " ボス交 " で処理」『朝日ジャーナル』
津村喬(1971.4)「田川市―<在日>の基本構造·序説」『現代の眼』
萩野芳夫(1971.1)「在日朝鮮人の国籍登録変更―「韓国」籍から「朝鮮」籍書換えをめぐって」『法律時報』
山田恒史(1970.10.11)「"入管法"を前に朝鮮人問題を考える」『朝日ジャーナル』
외교통상부(2000)「朝総連이 推進하고 있는 在日僑胞 国籍을 「朝鮮」으로 変更하는 問題」『재일교민의 외국인등록 국적란 변경문제, 1970』 외교통상부2

10장

朱川湊人(2006)「シナリオ 怪獣使いの遺産」TBS
朱川湊人(2006)「私のウルトラマン」『文芸春秋』

朱川湊人(2006)「たまたま人間に生まれて来たけれど」『本の旅人』
バンダイビジュアル(2006)「MEBIUS FILE」『DVD ウルトラマンメビウス』
円谷プロダクション(2009)『ウルトラガイドブック』笠倉出版社
切通理作(2000)『怪獣使いと少年』宝島社
上原正三(1985)『24年目の復讐』朝日ソノラマ
宇野常寛(2011)『リトル・ピープルの時代』幻冬舎
大田修(2005.6)「日韓交渉下での被害者・遺家族の声」『現代思想』
土佐弘之(2005.6)「アジア地域主義の中の他者」『現代思想』
吉澤文寿(2005.6)「決壊―史上初の日韓会談関連外交文書の公開から始まる「真実の濁流」によせて」『現代思想』
盧武鉉(2005.5)「日本の知性に訴える―三・一節記念演説」『世界』
(2005.3.17)「韓国が対日政策で新原則―「断固対処」の姿勢強調」『朝日新聞』
中西新太郎(2006.2)「開花する「Jナショナリズム」」『世界』
萱野稔人(2006.6)「国家の思惑と民衆の要求は、なぜ逆説的に一致するか」『世界』

임상민

한남대학교 일어일문학과를 졸업하고, 규슈대학 대학원에서 비교사회문화박사 학위를 받았으며, 현재 동의대학교 일본어학과 조교수로 재직 중이다. 재일조선인 문학과 문화를 연구의 중심으로 하면서, 식민지 조선의 출판 유통과 서일본 지역신문의 조선 지역판에 대한 연구도 하고 있다.

대표저서로는 『전후 재일코리안 표상의 반·계보—〈고도경제성장〉 신화와 보장받지 못한 주체』가 있고, 「일본문학과 재일조선인 범죄학 연구」, 「북한송환사업과 공모하는 '냉전'」, 「제국 일본의 출판유통과 식민도시 부산의 독자층 연구」, 「일본 제국 지역신문의 조선 '지역판' 연구」 외 다수의 연구논문이 있다.

전후 고도경제성장과 재일조선인 서사

초판 발행 _ 2018년 12월 31일

저 자 • 임 상 민
발 행 인 • 정 현 걸
발 행 • 신 아 사
인 쇄 • 대명프린팅
주 소 • 서울시 은평구 통일로 59길 4(2F)
전 화 • 02)382-6411 · 팩스 02)382-6401
홈페이지 • www.shinasa.co.kr
E-MAIL • shinasa@daum.net
출판등록 • 1956년 1월 5일 (제9-52호)

ISBN 978-89-8396-323-9(93300)
저자와의 협의로 인지를 생략합니다.

정가 13,000원

이 저서는 교육부의 산업연계교육활성화선도대학(PRIME)사업 사업비를 지원받아 집필한 저서임